우리동네 보험닥터의
똑똑한 보험 설계

"AI와 빅데이터로 찾는 숨은 보장, 숨은 보험금
불필요한 특약 정리, 보험료 절약 비법"

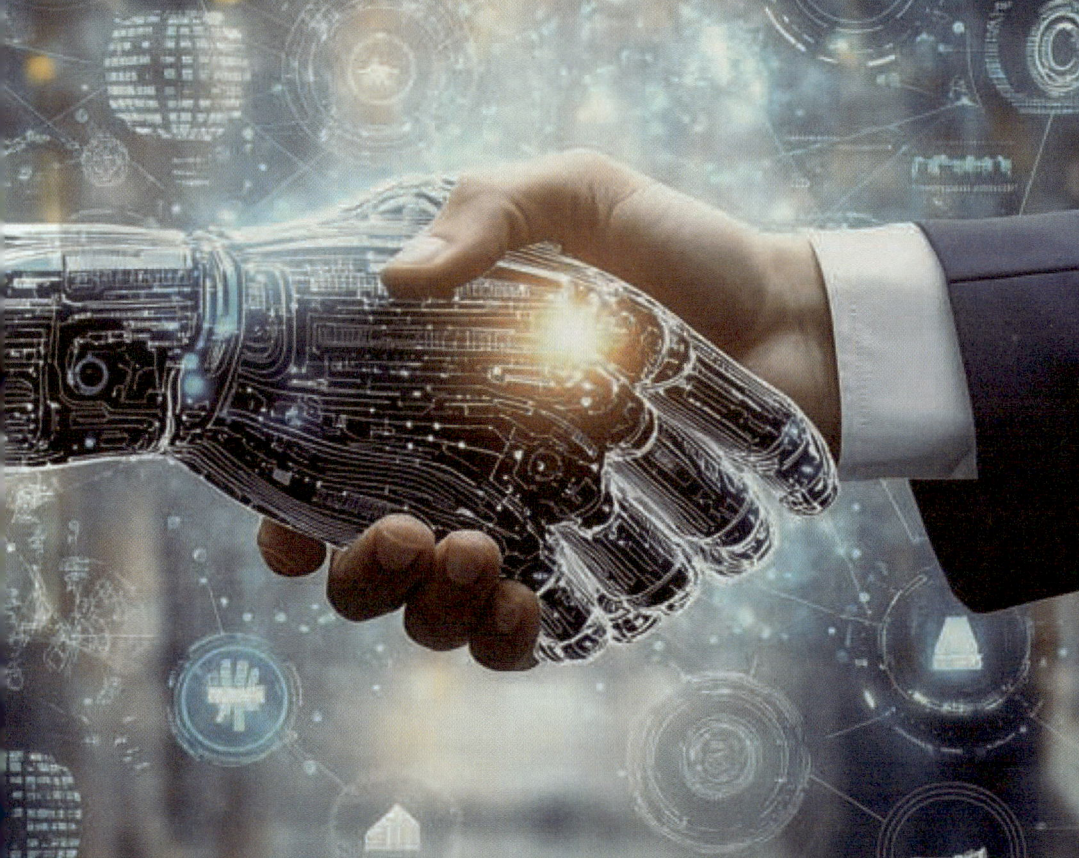

우리동네
보험닥터

우리동네 보험닥터의
똑똑한 보험 설계

"AI와 빅데이터로 찾는 숨은 보장, 숨은 보험금
불필요한 특약 정리, 보험료 절약 비법"

| 약력 |

상호명
- 우리동네보험닥터 (Our Neighborhood Insurance Doctor)

설립취지
- 우리동네보험닥터는 지역 사회의 보험 전문가로서, 고객들에게 신뢰할 수 있는 보험 상담과 맞춤형 서비스를 제공하기 위해 설립되었습니다. 현대인의 다양한 보험 니즈를 충족시키고자 보험 관련 지식을 쉽게 전달하며, 고객의 삶을 더욱 안전하고 풍요롭게 하는 것을 목표로 합니다.

주요 서비스 영역
- 보험정보제공업
- 보험안심컨설팅 및 보장분석
- 보험 관련 상담 및 정보 제공
- 보험사 대리점 운영
- 보험금청구 서비스제공

주요 가치

신뢰성 — 고객과의 약속을 지키며, 투명한 서비스를 제공합니다.

전문성 — 각 분야별 전문가들이 고객의 상황에 맞는 최적의 솔루션을 제안합니다.

지역밀착형 서비스 지역 기반의 네트워크를 통해 고객에게 접근성을 높였습니다.

 디지털화 AI와 빅데이터를 활용한 스마트 보험 컨설팅 제공으로 4차 산업혁명 시대에 발맞춥니다.

 비전
1. 전국 30개 이상의 지점 운영중이며 계속 확대중입니다.
2. 대한민국을 대표하는 지역 기반 보험 네트워크로 성장
3. 고객에게 실질적인 가치를 제공하며 보험 시장의 새로운 기준을 제시

 대표 활동
- 보험상품 및 서비스 관련 세미나 개최
- 고객 맞춤형 보험 리포트 제공
- 사회 공헌 활동 : 지역 사회를 위한 교육 및 무료 보험 상담

우리동네보험닥터는
고객과 보험 설계사 모두에게 신뢰와 가치를 제공하는
대한민국 대표 보험 플랫폼으로 나아가고 있습니다.

| 추천사 |

"똑똑한 보험설계"는 디지털 시대의 보험 비즈니스를 이해하는 데 있어 매우 중요한 책입니다. 특히, AI와 빅데이터를 활용한 고객 맞춤형 서비스와 최신 보험 트렌드에 대한 깊이 있는 분석은 보험 업계뿐만 아니라 디지털 혁신을 고민하는 모든 이들에게 큰 통찰을 제공합니다. 고객과 설계사가 함께 성장할 수 있는 지속 가능한 비즈니스 모델을 탐구한 이 책을 강력히 추천합니다.

- 이상원, 서울대학교 데이터사이언스대학원 교수

보험 설계사들에게는 고객과의 신뢰를 구축하고 관계를 지속적으로 강화하는 것이 가장 중요한 과제입니다. "똑똑한 보험설계"는 이러한 과제를 해결하기 위해 필요한 구체적이고 실천 가능한 방법들을 제공합니다. 이 책은 최신 보험 트렌드와 함께 설계사들이 고객의 다양한 요구에 대응할 수 있는 방법을 설명하며, 설계사의 업무 효율성과 고객 만족도를 동시에 높일 수 있는 지침을 제시합니다. 업계 전문가로서 이 책을 적극 추천합니다.

- 양주팔, FM Asset 대표이사

"똑똑한 보험설계"는 고객 중심의 보험 비즈니스를 꿈꾸는 모든 설계사에게 필수적인 지침서입니다. 이 책은 보험을 단순한 상품 판매가 아닌, 고객의 인생을 함께 설계하고 동행하는 도구로 재조명합니다. 특히 보험에 대한 실용적인 해법뿐만 아니라, 변화하는 트렌드에 맞춰 나가는 방법까지 제시하고 있어 시대를 앞서가는 통찰력을 제공합니다. 고객과의 신뢰를 구축하는 데 필요한 원칙과 노하우를 구체적으로 제시하며, 업계 종사자들에게 반드시 필요한 새로운 비전을 제시하는 책입니다.

- 정병재, 더베스트금융 사장

"똑똑한 보험설계"는 보험 설계사들에게 새로운 시대에 맞는 실질적인 가이드를 제공하는 책입니다. 이 책은 단순한 상품 설명서를 넘어, 고객의 니즈를 깊이 이해하고 최적의 솔루션을 제시하는 방법을 구체적으로 다루고 있습니다. 특히, 보험 시장의 최신 트렌드와 기술을 결합하여 설계사들이 고객과의 신뢰를 강화하고 경쟁력을 유지할 수 있도록 돕습니다. 고객과 설계사 모두가 함께 성장할 수 있는 기반을 제공하는 이 책은 보험 업계에 종사하는 모든 분들에게 강력히 추천할 만한 필독서입니다.

- 김성국, Signal Financial Lab 대표이사

"똑똑한 보험설계"는 고객의 관점에서 보험 설계를 재해석한 책으로, 설계사들에게 실질적인 방향성을 제시합니다. 이 책은 고객의 니즈를 중심으로 한 차별화된 보험 서비스를 설계하는 방법을 체계적으로 설명하며, 설계사들이 고객과 신뢰를 구축하고 장기적인 관계를 유지할 수 있도록 돕습니다. 보험 업계 종사자라면 반드시 읽어야 할 필독서입니다.

- 이승용, 우리동네보험닥터 사업단장

보험은 우리 삶에서 매우 중요한 부분을 차지하며, 특히 초고령 사회로 접어들면서 그 중요성이 더욱 부각되고 있습니다. 그러나 많은 사람들이 보험상품에 가입하고 있음에도 불구하고, 정작 자신이 가입한 보험의 내용을 제대로 이해하지 못하는 경우가 많습니다. 이런 현실 속에서 우리동네보험닥터가 출간한 이번 책은 보험의 본질과 가치를 깊이 있게 탐구하며 독자들에게 명확한 방향성을 제시합니다.

이 책은 단순히 보험을 설명하는 데 그치지 않고, AI와 빅데이터와 같은 첨단 기술이 보험산업에 미치는 영향을 분석하며, 우리가 보험을 어떻게 이해하고 활용해야 하는지를 구체적으로 알려줍니다. 저자의 통찰력은 단순히 보험 상품의 설명을 넘어, 시대의 변화와 함께 보험이 우리 삶에 어떻게 적용해야 할지 독자들이 깊이 고민하게 만듭니다.

특히 보험에 대한 막연한 두려움이나 무지에서 벗어나, 자신의 삶에 적합한 보험을 선택하고 활용할 수 있는 실질적인 지침과 통찰을 제공하는 이 책은 현대인의 필독서라 해도 과언이 아닙니다. 이 책에서 강조하는 보험의 본질에 대한 이해와 시대를 꿰뚫는 혜안은 독자들에게 보험을 넘어 삶을 설계하는 데 큰 도움이 될 것입니다.

- 남성현, 보케어 대표이사

| 목차 |

약력 · 4
추천사 · 6

Part 1. 왜 보험을 새롭게 설계해야 할까?

1장. 보험, 왜 다시 설계해야 할까? · 16

1-1. 보험의 변화: 디지털 시대의 보험 시장 트렌드

1-2. 보험료 인상과 갱신형 보험의 문제점

1-3. AI와 빅데이터가 바꾸는 보험 설계의 미래

1-4. 보험의 사각지대 해소를 위한 빅데이터기반 보험설계

1-5. 보험 리모델링과 재설계의 필요성

2장. 우리동네보험닥터의 보험 설계 3대 원칙 · 31

2-1. 불필요한 특약을 없애라: 필요 없는 특약 정리 방법

2-2. 숨은 보장을 찾아라: 약관에 숨어 있는 보장 찾는 법

2-3. 보험료를 줄여라: 비용 절약을 극대화하는 전략

3장. 보험 설계의 핵심은 '보장의 균형'이다 · 40

3-1. 보장 공백 없이 설계하는 법

3-2. 보험료 vs 보장범위, 균형을 맞추는 방법

3-3. 보험 설계의 황금 비율: 보장과 비용의 적정선 찾기

Part 2. AI와 빅데이터로 찾는 똑똑한 보험 설계법

4장. AI와 빅데이터로 분석하는 내 보험의 상태 · 48
4-1. AI 보험 설계란?

4-2. 고객맞춤형 AI보험설계

5장. 불필요한 특약 제거로 보험료 줄이기 · 52
5-1. 필수 특약 vs 불필요한 특약 구분법

5-2. 자동차보험, 운전자보험, 실손보험의 불필요한 특약 리스트

5-3. 보험특약 삭제의 타이밍과 절차

6장. 숨은 보장 찾기: 놓치고 있던 보장 활용하기 · 60
6-1. 혼동하기 쉬운 실손의료보험 보장항목

6-2. 보험금 청구 시 놓치기 쉬운 5가지

7장. AI로 보험을 '자동 최적화'하는 방법 · 68
7-1. AI 기반 보험설계 서비스 소개

7-2. AI 플랫폼을 활용한 맞춤형 설계 프로세스

7-3. 내 보험을 AI로 자동 최적화하는 절차와 도구

7-4. AI 보험 설계 서비스의 장단점

8장. 고객 맞춤형 보험 설계의 실전 전략 · 88
8-1. 20대, 30대, 40대, 50대, 60대, 70대이상의 보험 설계 가이드

8-2. 라이프 스타일에 따른 맞춤형 보험 설계 가이드

8-3. 결혼, 출산, 은퇴 등 생애 주기별 맞춤 보험 설계 가이드

8-4. 고객 맞춤형 보험 설계 성공 사례 3가지

Part 3. 보험료 절약의 모든 것

9장. 보험료 절약의 기본 원칙 · 118
9-1. 보험료 절약을 위한 필수 체크리스트

9-2. 보험료를 줄이기 위해 꼭 알아야 할 5가지 팁

9-3. 비갱신형 vs 갱신형 보험의 차이와 선택 기준

9-4. 월 보험료 10만 원 절약하기: 사례로 배우는 절약 비법

10장. 보험 리모델링으로 절약하는 법 · 127
10-1. 보험 리모델링의 필요성

10-2. 리모델링으로 보험료를 줄이는 3단계 프로세스

11장. 중복 보장의 함정에서 벗어나는 법 · 136
11-1. 중복 보장의 정의와 문제점

11-2. 중복 보장 체크리스트

11-3. 중복 보장 정리로 절약한 사례

Part 4. 우리동네보험닥터의 보험 설계 노하우

12장. 보험 설계 상담 전 반드시 확인해야 할 7가지 · 152
12-1. 설계사에게 꼭 물어봐야 할 7가지 질문
12-2. 상담 전 고객이 반드시 준비해야 할 5가지

13장. 우리동네보험닥터의 고객 상담 가이드 · 155
13-1. 상담 과정에서 고객이 가장 많이 묻는 질문 10가지
13-2. 고객 맞춤형 상담 프로세스
13-3. 상담 후 고객의 행동 변화 사례

Part 5. 부록

부록 1. 자주 쓰이는 용어 · 164

부록 2. 자주 묻는 질문 (FAQ) · 171

부록 3. 보험사기 예방을 위한 완전판매 원칙 준수 · 176

부록 4. 숨은 보험금 찾기 체크리스트 · 178

Part 1.
왜 보험을 새롭게 설계해야 할까?

1장.
보험, 왜 다시 설계해야 할까?

1-1. 보험의 변화
: 디지털 시대의 보험 시장 트렌드

 디지털 시대의 도래는 보험 시장에 큰 변화를 가져왔다. 과거에는 보험 가입이 주로 설계사와의 상담을 통해 이루어졌지만, 이제는 기술의 발전으로 맞춤형 보장이 가능한 시대가 열렸다. AI 기반의 건강 예측, 건강검진 데이터 분석, 그리고 보험료 분석 시스템 등은 고객의 개인화된 니즈를 반영한 상품 설계를 가능하게 했다. 이와 함께 ICIS와 같은 정보 조회 시스템은 과거 병력과 보험금 청구 이력을 정확히 확인하여 고지 의무와 보험 계약의 투명성을 높이고 있다. 디지털 혁신은 보험의 접근성을 높이고 고객에게 최적의 선택지를 제공하며, 기존의 보험 시장 구조를 재편하는 핵심 트렌드로 자리 잡고 있다.

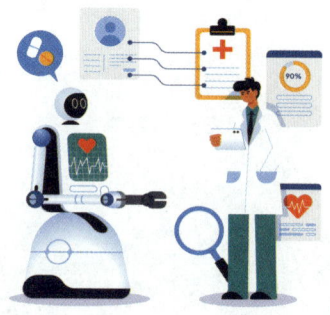

과거 병력 확인: 보험사는 나의 병력을 알고 있다.

보험사는 ICIS(보험신용정보통합조회시스템)와 같은 시스템을 통해 보험금 청구 이력이나 과거 병력 정보를 조회할 수 있다.

[ICIS 시스템 흐름도]

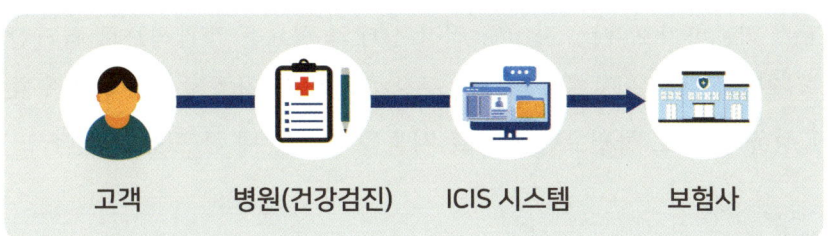

이는 보험가입 시 고객의 고지 의무를 확인하고, 부정 청구나 보험사기를 방지하기 위한 목적으로 활용된다. 특히 고객이 고의로 병력을 숨기거나 실수로 잘못 고지한 경우, 보험사는 이를 근거로 보험계약을 해지하거나 보험금을 지급하지 않을 수 있다. 병력 고지 위반은 계약의 효력을 무효화시키는 주요 사유가 되며, 이는 고객에게 큰 재정적 손실로 이어질 수 있다. 따라서 보험가입 전 자신의 과거 병력을 정확히 확인하고, 이를 기반으로 적합한 보장을 제공하는 상품을 선택하는 것이 중요하다. 이미 가입한 보험이라면 약관과 보장 내역을 재점검하여 자신에게 맞는 보험이 잘 유지되고 있는지 확인하는 것이 필요하다.

건강검진 데이터와 AI 건강 예측: 예방적 보험의 실현

보험은 장기적인 금융상품이기 때문에 신중하게 가입해야 한다. 예를 들어, 한 달에 보험료가 2만 원 차이나는 상품이라도 20년 동안 유지하면 총 보험료 차이는 480만 원에 달한다. 따라서 자신에게 적합한 보장을 제공하는 상품인지 철저히 검토하는 과정이 필수적이다. 과거에는 가족력이나 본인의 관심사에 따라 보험을 선택하는 경우가 많았지만, 최근에는 건강검진 데이터를 기반으로 질병 예측이 가능해졌다. 이러한 데이터 분석은 개인의 건강 상태와 잠재적인 질병 위험을 파악해 맞춤형 보험을 설계하는 데 활용된다. 따라서 단순히 주변의 추천이나 광고에 의존하기보다는, 자신의 건강 상태와 필요를 객관적으로 평가한 후 적절한 보험을 선택하는 것이 중요하다. 이는 장기적으로 경제적 효율성을 높이고, 불필요한 보험료 지출을 줄이는 데 큰 도움이 된다.

보장분석: 최적의 보험상품을 추천

현재 보험 시장은 각 보험사마다 수십 개의 상품을 보유하고 있으며, 전체 보험사도 약 40여 개에 이른다. 이로 인해 보험상품의 수는 1,000개를 훌쩍 넘어 일반인들이 어떤 보험을 선택해야 할지 고민이 깊어지는 것이 당연하다. 과거에는 상품 정보를 비교하거나 전문가의 조언에만 의존해야 했지만, 최근에는 전문화된 보험료 분석 시스템이 개발되면서 고객 맞춤형 보험 추천이 가능해졌다. 이러한 시스템은 고객의 나이, 건강 상태, 가족력, 보험 예산 등을 고려해 방대한 상품 중에서 최적의 보장과 비용 효율성을 제공하는 상품을 찾아준다. 이를 통해 고객은 자신에게 꼭 맞는 보험을 선택할 수 있으며, 복잡한 상품 비교나 정보 부족으로 인한 스트레스를 줄일 수 있다. 전문화된 기술과 데이터를 활용한 접근 방식은 보험 시장의 변화와 함께 더욱 중요한 도구가 되고 있다.

1-2. 보험료 인상과 갱신형 보험의 문제점

보험은 미래의 불확실성을 대비하기 위한 필수적인 재정 도구다. 그러나 보험료가 지속적으로 인상될 가능성이 있다는 점은 갱신형 보험 가입자들에게 큰 부담으로 작용한다. 갱신형 보험은 일정한 주기에 따라 보험료가 재산정되는 방식으로, 초기 보험료는 비갱신형에 비해 저렴하지만 갱신 시 보험료가 인상되는 구조를 가진다. 이러한 특성은 보험료 부담 증가라는 문제를 야기하며, 보험 가입자들에게 신중한 선택을 요구한다.

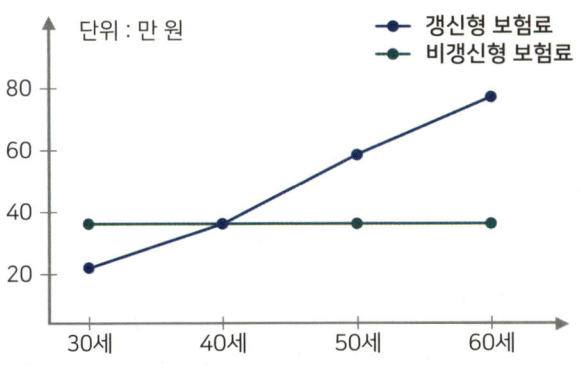

Part 1. 왜 보험을 새롭게 설계해야 할까?

갱신형 보험료 인상의 주요 원인

갱신형 보험에서 보험료가 인상되는 이유는 크게 두 가지다. 첫 번째는 피보험자의 나이에 따른 위험률 증가다. 나이가 많아질수록 질병이나 사고 발생 확률이 높아지고, 이에 따라 보험사의 부담도 커진다. 예를 들어, 암보험의 경우 고령자일수록 암 발병률이 높아지므로 보험금 지급 가능성도 증가한다. 이는 곧 갱신 시 보험료 인상으로 이어진다. 두 번째 원인은 의료 수가의 증가다. 의료 서비스 비용이 상승하면, 보험사는 이를 반영하여 갱신 시점에 보험료를 재산정한다. 의료수가 상승은 보험사의 손실 위험을 줄이기 위한 필연적인 조치로 갱신형 보험 가입자들에게는 보험료 부담 증가로 나타난다.

갱신형 보험이 무조건 나쁜 보험일까?

갱신형 보험이 반드시 나쁜 보험은 아니다. 특히 운전자보험처럼 특약이 지속적으로 업그레이드되어 갱신을 통해 새로운 보장을 추가하는 경우나, 경제적 상황 및 개인적인 사정으로 단기간 보장이 필요한 경우에는 갱신형 보험이 현실적인 대안이 될 수 있다. 초기 보험료가 저렴하다는 점은 재정적 여유가 부족한 사람들에게 부담을 덜어주는 장점이 있다. 또한, 특정 기간 동안만 보장을 받고자 할 때 갱신형 상품은 유연한 선택을 제공한다.

그러나 주요 질환 진단비나 치료비, 간병비처럼 장기적으로 안정적인 보장이 필요한 경우에는 갱신형 보험이 문제가 될 수 있다. 갱신 주기마다 보험료가 상승하며, 나이가 들수록 인상 폭이 커질 가능성이 높아

장기적으로 유지하기 어려운 상황에 이를 수 있다. 이는 보험이 가장 필요한 시점에 보장을 포기해야 하는 문제로 이어질 수 있다. 따라서 보장 내용의 성격과 자신의 장기적인 재정 계획을 고려해 갱신형 보험과 비갱신형 보험을 신중히 선택하는 것이 중요하다.

1-3. AI와 빅데이터가 바꾸는 보험 설계의 미래

최근에는 보험사들이 건강검진 데이터를 활용해 미래 질병을 예측하는 프로그램을 개발하고 있으며, 개인 건강 상태에 따른 보장자산의 필요성을 예측해주는 프로그램도 개발되고 있다.

AI건강예측 프로그램

AI 기반 건강 예측과 보장 분석은 개인의 생활습관, 의료기록, 가족력 등 다양한 데이터를 분석하여 미래의 건강 위험을 예측하고, 이에 맞는 최적의 보험 상품을 추천할 수 있게 되었다. 특히 유전자 분석 기술의 발전은 이러한 개인화된 보험 설계를 한 단계 더 발전시키는 계기가 되었다.

국내외 사례로 구글 독감 트렌드, 영국 NHS의 데이터베이스(CPRD), 미국 웰포인트의 왓슨 솔루션 등 빅데이터 활용이 강조되고 있다. 생애주기별 맞춤형 보건의료서비스를 위해 국가 차원의 '위험분석 센터' 설립이 제안되며, 이를 통해 질병 관리와 예측, 통계 데이터 활용, 지역 사회 특성에 따른 맞춤형 서비스 제공이 가능하다.

 최근 보험사에서 건강검진 데이터를 통한 미래의 질병을 예측하는 프로그램이 개발되면서 나의 건강 상태에 따른 보장자산의 필요성을 예측해 주는 프로그램도 개발되고 있다.

[데이터 흐름]

유전자분석 프로그램

 유전자 분석을 통한 맞춤형 보험 설계는 개인의 유전적 특성을 바탕으로 발병 가능성이 높은 질병을 예측하고, 이에 대한 적절한 보장을 설계하는 것을 가능하게 한다. 우리나라에서는 보건복지부가 허가한 민간 유전자 검사업체를 통해 유전자 분석 서비스를 받을 수 있다. 특히 소비자 대상 직접 시행(DTC) 유전자 검사는 개인의 유전적 특성을 파악하는 데 중요한 역할을 한다.

 DTC 유전자 검사는 대규모 유전체 연구를 통해 축적된 통계학적 데이터를 기반으로, 개인의 유전적 혈통, 영양 요구사항, 생활습관 관련 특성, 신체적 특징 등을 분석한다. 이러한 정보는 AI 알고리즘과 결합되어 개인에게 최적화된 보험 상품을 설계하는 데 활용된다. 현재 랩지노믹스, 마크로젠, 엔젠바이오, 제노플랜코리아, 클리노믹스, 테 라젠바이오, 지니너스 등의 기업들이 보건복지부의 인증을 받아 DTC 유전자 검사 서비스를 제공하고 있다.

 AI건강예측과 유전자분석을 통해 미래의 불확실한 건강관리에 대해서 더욱 정교한 데이터 분석과 AI 기술을 활용하여, 개인의 건강 위험을 더욱 정확하게 예측하고 관리하는 방향으로 발전할 것으로 예상된다. 이러한 변화는 보험이 단순한 위험 보장 상품에서 개인의 건강을 관리하고 예방하는 종합적인 헬스케어 서비스로 진화하고 있음을 보여준다. 결과적으로 AI와 빅데이터는 보험 산업을 더욱 효율적이고 개인화된 서비스를 제공하는 방향으로 변화시키고 있으며, 이는 소비자와 보험사 모두에게 긍정적인 변화를 가져올 것으로 기대된다.

1-4. 보험의 사각지대 해소를 위한 빅데이터기반 보험설계

　보험은 불확실한 미래의 위험에 대비하기 위한 필수적인 금융상품이다. 하지만 많은 사람들이 보험에 가입했음에도 불구하고, 정작 필요할 때 충분한 보장을 받지 못하는 '보험 사각지대'에 놓여있다. 이는 보장 내용의 부족, 보험료와 보장금액의 불균형, 정보 부족, 그리고 변화하는 위험요소 반영 부족 등 다양한 원인에서 비롯된다.
　보험 사각지대의 주요 문제점 중 하나는 보장 내용의 부족이다. 예를 들어, 암 진단비는 가입했지만 심혈관질환이나 뇌혈관질환과 같은 2대 주요 질환에 대한 보장이 누락되는 경우가 많다. 또한 높은 보험료를 납부하고 있음에도 실제 보장 금액이 적정 수준에 미치지 못하는 보험료와 보장금액의 불균형 문제도 존재한다.
　이러한 문제를 해결하기 위해 최근에는 빅데이터 기반의 분석 시스템이 활발히 활용되고 있다. 이 시스템은 개인의 보험 가입 현황을 객관적으로 분석하고, 사망보험금, 진단비, 치료비 등 항목별로 보장 수준과 부족한 부분을 정확하게 파악할 수 있다. 더불어 동일 연령대, 직업군, 가족구성원을 가진 사람들의 평균 보험 가입 데이터와 비교하여 적정 보험료와 보장금액을 제시함으로써 불필요한 보험 가입을 줄이고 보장 공백을 해소하는 데 도움을 준다.

[개인 보험 가입 현황 분석 과정]

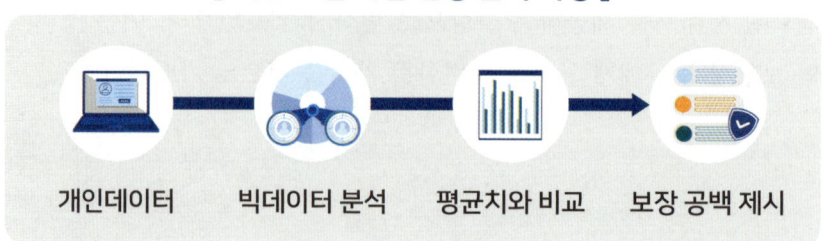

개인데이터　　빅데이터 분석　　평균치와 비교　　보장 공백 제시

빅데이터 시스템의 가장 큰 장점은 개인화된 보험 설계가 가능하다는 점이다. 예를 들어, 직장인 가장의 경우 월 30만 원의 보험료를 납부하고 있다면, 시스템은 가족의 생계 보호를 위한 사망보험금이 충분한지, 암이나 2대 주요 질환 진단비가 치료와 생활비를 커버할 수 있는 수준인지, 치료비와 입원비가 예상 치료기간을 고려했을 때 적절한지 등을 종합적으로 분석한다.

[개인화된 보험 설계 예시]

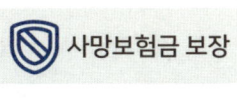
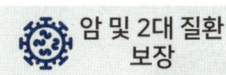

➡ 사망보험금이 충분한지, 치료비와 입원비가 적정한지 확인

또한 빅데이터 기반 시스템은 실시간 데이터 분석을 통해 보험 항목별 적정 보장 여부를 즉시 확인할 수 있게 해준다. 가입자의 나이, 건강 상태, 직업에 따라 맞춤형 보장을 설계하고, 현재의 건강 데이터를 활용해 미래에 발생할 가능성이 높은 질환을 예측하여 선제적인 보장 설계가 가능하다.

이러한 빅데이터 기반 분석 시스템은 보험 사각지대를 줄이고 가입자에게 적합한 보장을 설계하는 데 핵심적인 역할을 하고 있다. 개인별 보험 상태를 주기적으로 점검하고, 최신 기술을 활용하여 효율적인 보험 관리를 실현하는 것이 미래의 보험 시장에서 더욱 중요해질 것이다. 결과적으로 빅데이터 기술은 보험 산업을 더욱 효율적이고 개인화된 서비스를 제공하는 방향으로 변화시키고 있으며, 이는 소비자들이 더 안정적이고 효과적인 보험 보장을 받을 수 있게 되었음을 의미한다.

1-5. 보험 리모델링과 재설계가 필요한 이유

보험은 단순히 미래를 준비하는 비용이 아니라, 고객의 삶과 재정을 보호하는 핵심적인 자산이다. 그러나 시간이 지나면서 보험 시장은 변화하고 고객의 필요와 환경도 달라진다. 기존에 가입한 보험이 현재 상황에 적합하지 않을 수 있다는 점에서 보험 리모델링은 선택이 아닌 필수적인 과정이다.

[보험 리모델링의 필요성 이해]

고객 필요
보험을 형성하는
고객의 진화하는 요구와 선호

보험 리모델링

시장 변화
보험 시장의
역동적인 변화

시대 변화에 따른 보장의 업그레이드

보험 상품은 시간이 흐르면서 새로운 담보가 추가되고 보장 범위가 확장되는 등 진화를 거듭한다. 반대로 보장이 부족하거나 보험금 지급 조건이 까다로운 과거의 상품은 현재 기준에 맞지 않게 된다. 이로 인해 보험 리모델링의 필요성은 더욱 강조된다. 리모델링은 기존 보험 을 단순히 해지하고 새로운 상품에 가입하는 과정이 아니다. 현재의 보험을 철저히 분석하고 불필요한 담보는 정리하며 부족한 보장을 채우는 방식으로 진행된다.

운전자보험은 최근 새로운 보장 항목이 추가된 대표적인 사례다. 공탁금과 변호사비 선지급 기능이 강화되었고 주차 중 차량 미끄러짐 등 비탑승 중 사고 보장이 추가되었다. 기존 상품에는 소급 적용이 불 가능하기 때문에 새로운 상품으로의 전환이 중요하다.

암보험과 2대 질환(뇌 및 심장 질환) 관련 상품 역시 큰 변화를 겪었다. 과거보다 비급여 치료비 보장이 강화된 특약이 출시되었고 부정맥이나 협심증 같은 비교적 경미한 심장 질환에 대한 보장도 확대되었다. 이러한 변화는 고객이 치료비 부담을 줄이고 다양한 상황에서 혜택을 받을 수 있도록 설계되었다.

초고령사회로 진입하면서 간병보험의 중요성도 커지고 있다. 간병비를 월 지급형으로 보장하거나 주야간 보호시설 이용 비용을 보장하는 상품이 등장했으며 초기 치매부터 보장하는 상품도 출시되었다. 이는 고령화로 인한 가족의 경제적 부담을 줄이고 고객 스스로 삶의 질을 높일 수 있는 중요한 대안이 된다.

'나쁜 보험'과 '좋은 보험'의 차이

보험 리모델링의 핵심 목표는 '나쁜 보험'을 교체하는 데 있다. 나쁜 보험은 예외조항이 많거나 보장 조건이 까다로워 보험금을 받기 어렵다. 이런 보험은 고객의 실질적인 혜택을 제한하며 불필요한 지출로 이어진다. 반대로, '좋은 보험'은 보장 범위가 넓고 지급 조건이 명확하며 고객의 현재 상황에 적합하게 설계된 상품이다.

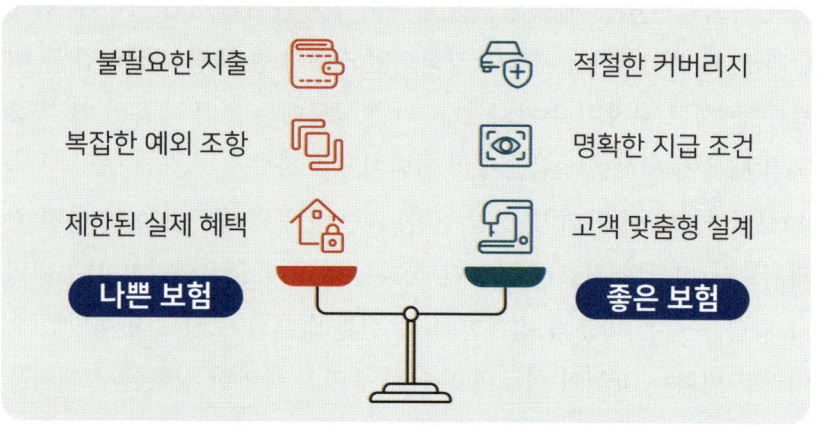

　예를 들어, CI 보험(중대질병보험)은 암, 뇌졸중, 급성심근경색 등 중대한 질병에 대해서만 보험금을 지급한다. 그러나 진단 조건이 까다롭고 혜택을 받기 어려운 경우가 많다. 반면 현재는 경증 질환까지 보장하는 진단비 특약이 포함된 상품이 출시되어 더 유리한 조건을 제공한다.

　수술비 보장 역시 약관에 따라 큰 차이가 있다. 일부 보험은 비급여 치료를 포함하여 수술비를 반복적으로 보장하지만, 보장이 1회에 한정된 상품도 있다. 약관에 "매회 보장"이라는 문구가 명시된 상품만이 치료를 받을 때마다 지속적인 보장이 가능하다. 따라서 약관의 내용을 정확히 확인하고 적합한 상품을 선택하는 것이 중요하다.

　보험 리모델링은 단순히 새로운 상품에 가입하는 것이 아니라, 고객의 재정적 안전망을 강화하고 실질적인 혜택을 제공하기 위한 과정이다.

전문 보험설계사의 역할: 약관에 강한 조언자

보험 리모델링이 성공하려면 신뢰할 수 있는 설계사를 만나는 것이 중요하다. 경력 10년 이상의 설계사는 다양한 고객 사례를 통해 보험 약관과 상품의 세부 사항을 깊이 이해하고 있다. 보험은 가입 시점에 따라 보장 범위와 조건이 다르기 때문에, 설계사는 실손보험, 운전자보험, 암보험 등 상품의 차이를 명확히 설명할 수 있어야 한다.

설계사는 단순히 상품을 추천하는 데 그치지 않고, 고객의 병력과 정상황에 따라 맞춤형 솔루션을 제시해야 한다. 예를 들어 고객이 과거 치료 이력이 있는 경우 고지의무를 충족하면서도 적합한 보장을 받을 수 있는 간편심사 보험을 추천할 수 있어야 한다. 또한, 복잡한 약관 내용을 쉽게 풀어서 설명하며, 고객이 상품을 오해 없이 이해하도록 돕는 역할을 해야 한다.

보험 리모델링은 고객의 재정적 안정성을 강화하고, 미래의 불확실성에 대비하는 과정이다. 신뢰할 수 있는 설계사는 이 과정에서 고객의 든든한 파트너가 되어준다.

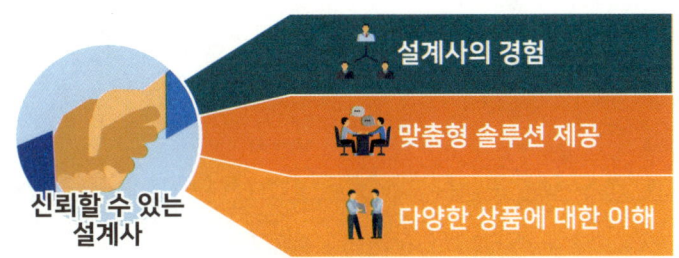

보험 리모델링: 미래를 위한 현명한 선택

보험은 단순히 가입으로 끝나는 것이 아니라, 지속적인 점검과 조정이 필요한 장기 금융상품이다. 고객의 재정 상태와 가족력, 건강 이력을 철저히 분석하고, 이를 바탕으로 최적화된 보장을 유지하는 것이 중요하다. 보험 전문가와 함께 현재 가입된 상품을 점검하고 부족하거나 불필요한 부분을 조정해나가는 과정은 고객의 재정적 안정과 삶의 질을 높이는 데 필수적이다. 올바른 선택과 점검이야말로 미래를 위한 최선의 전략이다.

2장.
우리동네 보험닥터 보험 설계의 3대 원칙

2-1. 불필요한 특약을 없애라
: 필요없는 특약 정리하는 방법

보험은 예기치 못한 사고나 질병에 대비하는 중요한 경제적 안전망이지만 과도한 특약이나 불필요한 중복 가입은 보험료 부담만 늘리고 실질적인 혜택은 오히려 감소시킬 수 있다.

우리동네 보험닥터가 제안하는 불필요한 특약을 없애는 방법

첫 번째 원칙. 하위 그룹 특약을 없애라.

첫 번째 원칙은 하위 그룹 특약을 없애라. 대표적인 예로, 뇌질환 진단비를 들 수 있다. 뇌혈관 진단비는 뇌혈관, 뇌졸중, 뇌출혈 등을 포괄적으로 보장하는 특약이다. 만약 뇌혈관 진단비를 이미 가지고 있다면, 뇌출혈 진단비와 같은 하위 특약을 따로 추가할 필요가 없다. 상위 특약이 하위 특약을 모두 포함하기 때문에 이를 중복으로 가입하면 보험료만 불필요하게 늘어난다.

보험 설계 시 이런 중복되는 특약들을 확인하고 정리하면 보험료를 절약하면서도 필요한 보장을 충분히 받을 수 있다.

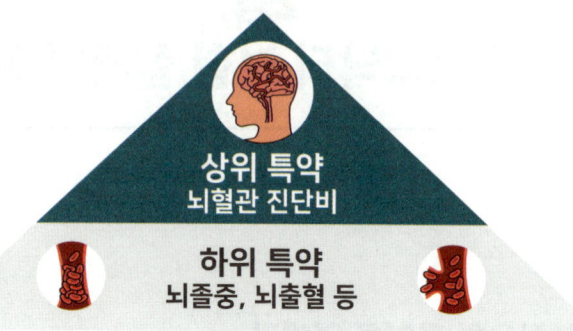

하위 특약이 상위 특약 안에 포함됩니다.

두 번째 원칙. 중복가입된 특약을 없애라
두 번째 원칙은 동일한 특약을 중복 가입하지 않는 것이다. 예를 들어, 가족일상배상책임보험은 온 가족이 함께 사용할 수 있는 특약이다. 이미 가족 단위로 일상배상책임보험을 가입했다면, 개별적으로 추가 가입할 필요가 없다. 같은 특약을 중복으로 가입하면 보장 범위는 늘어나지 않으면서 보험료 부담만 커지게 된다.

보험은 필요 이상의 보장은 하지 않는 것이 원칙이다. 중복 특약을 줄이면 보험료를 효율적으로 관리할 수 있다.

세 번째 원칙. 보험의 본질에 맞지 않는 특약을 없애라
세 번째 원칙은 보험의 본질에 맞지 않는 특약을 찾아 제거하는 것이다. 태아보험을 예로 들어보자. 태아보험은 태아와 산모가 출산 과정에서 발생할 수 있는 예기치 못한 사고나 문제를 대비하는 것이 본질이다. 그러나 태아보험에 기본적으로 포함된 특약은 100개가 넘을 정도로 많아 모두를 선택하면 보험료는 급격히 상승한다.

이때 태아보험의 본질을 생각해보면 불필요한 특약을 줄이고 태아

보장, 산모보장 등 꼭 필요한 부분에만 집중하면 된다. 이후 정상적인 출산이 이루어지면 어린이보험으로 전환해 사용할 수 있기 때문에, 태아보험 가입 단계에서 모든 것을 포함하려는 욕심은 피해야 한다.

 암보험도 같은 원리가 적용된다. 암보험의 본질은 암 진단 시 필요한 치료비와 생활비를 보장하는 것이다. 그러나 암보험에 필요 이상으로 다양한 특약을 추가하다 보면 본질이 흐려지고 보험료만 올라간다. 보험 설계 시에는 "이 보험의 본질이 무엇인지"를 항상 먼저 생각하는 것이 중요하다.

본질에 집중해야 보험료 부담을 줄일 수 있습니다.

효율적인 보험 설계의 중요성

 보험은 예기치 못한 사고나 질병에 대비하는 경제적 안전망이다. 하지만 본질에 맞지 않는 과도한 특약이나 중복 가입은 보험료 부담만 늘리고 실질적인 혜택은 줄어들게 만든다. 보험을 설계할 때는 필요한 보장을 명확히 하고 불필요한 특약을 과감히 줄이는 것이 바람직하다.

우리동네보험닥터의 보험설계 3대 원칙은 보험료를 절약하면서도 본질적인 보장을 제공받을 수 있는 효율적인 가이드다. 이 원칙을 통해 보험을 제대로 설계하면 예기치 못한 상황에서도 경제적 안정성을 확보할 수 있다. 보험 가입 전 이 세 가지 원칙을 반드시 기억하며 현명한 선택을 하자.

2-2. 숨은 보장을 찾아라: 약관에 숨어있는 보장 찾는 법

보험을 가입하고 나면 대부분의 사람들은 보험증권을 보관한 뒤, 정작 중요한 약관은 자세히 읽지 않는다. 그러나 보험 약관에는 예상치 못한 혜택이 숨어 있을 때가 많다. 약관에 포함된 보장을 꼼꼼히 확인하면 필요하지 않다고 생각했던 치료나 상황에서도 보험금을 지급받을 수 있다. 이번에는 약관에서 발견할 수 있는 숨은 보장의 예를 통해 보험금을 효율적으로 활용하는 방법을 알아보자.

임플란트가 보장되는 수술비 보험이 있다고?

예전 생명보험사에서 판매되었던 1~3종 수술비 특약은 다양한 수술을 포괄적으로 보장했다. 이 중에서도 치조골이식술은 2종 수술비에 포함되어 있었는데, 이는 임플란트를 위해 치조골을 이식하는 경우 보험금을 지급받을 수 있다는 뜻이다.

[치조골이식술]

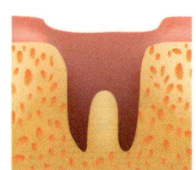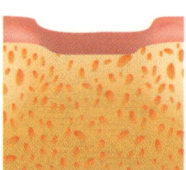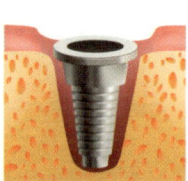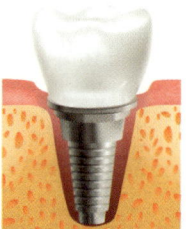

치조골이식술이 보험 보장에 포함될 수 있습니다.

임플란트는 많은 사람이 비싼 비용 때문에 치료를 미루는 경우가 많다. 하지만 해당 수술이 보장 범위에 포함된 경우, 이를 활용하면 수술비 부담을 줄일 수 있다. 이런 숨은 보장을 알지 못하면 실제로는 받을 수 있는 혜택을 놓치는 경우가 생길 수 있다. 따라서 보험에 가입한 후 약관을 꼼꼼히 확인하고 관련 내용이 포함되어 있다면 치료 시 적극적으로 활용하는 것이 중요하다.

허리디스크 수술로 보험금을 받을 수 있다고?

허리디스크는 현대인의 고질병 중 하나로 나이가 들수록 발생률이 높아진다. 연골이 마모되거나 척추에 문제가 생기는 것은 자연스러운 노화 과정으로 볼 수 있다. 하지만 보험에서는 이러한 질병을 후유장해로 판단할 수 있다.

만약 가입한 보험상품에 질병후유장해 특약이 포함되어 있다면, 허리 디스크로 인한 후유장해 판정을 받을 경우 보험금을 받을 가능성이 있다. 예를 들어, 수술 후 일상생활에서 기능적 제한이 남는다면 의료 소견서를 제출하고 후유장해 판정을 통해 보험금을 청구할 수 있다.

이처럼 질병후유장해 특약은 예상치 못한 상황에서 큰 도움이 될 수 있다. 따라서 보험을 가입할 때 이러한 특약이 포함되어 있는지 확인하고, 필요하다면 추가로 가입하는 것도 고려해볼 만하다.

간단한 종양제거를 했는데 암진단비가 나온다고?

암보험은 가입 시점에 따라 보장 내용이 크게 달라진다. 초기 암보험 상품은 암의 정의가 명확하지 않았다. 하지만 시간이 지나면서 암의 진단 기준과 보장 범위가 명확해 지고 있다.

예를 들어, 과거에는 전립선암, 갑상선암은 일반암으로 구분되었으나, 최근 보험상품에는 유사암으로 구분하고 있다.

가입 시점에 따른 암 보장범위에 따른 차이는 보험 약관을 통해 확인할 수 있다. 간단한 용종제거를 했는데도 암진단비가 보장 받을 수 있는지 보험 약관 및 보험전문가에게 의뢰하면 좋다.

내가 가입한 보험의 정확한 보상 내용을 확인하기 위해서는 보험 약관을 참조해야 한다. 보험 약관에는 보험금 지급 조건뿐만 아니라 지급 가능한 숨은 보장들이 포함되어 있다. 임플란트와 같은 특정 치료,

허리디스크로 인한 후유장해, 암보험의 세부 보장 내용까지 모두 약관에 명시되어 있다. 이를 활용하면 보험금을 받을 수 있는 상황을 확장하고 예상치 못한 재정적 부담을 줄일 수 있다.

특히, 보험금을 청구할 때 약관을 근거로 보험사와 협의하거나 분쟁을 해결하는 데 중요한 자료로 사용할 수 있다. 보험에 가입한 후에는 반드시 약관을 읽고, 숨은 보장을 파악하는 것이 중요하다.

2-3. 보험료를 줄여라: 비용 절약을 극대화하는 전략

보험은 장기적인 재정 안정과 위험 대비를 위해 중요한 금융상품이다. 하지만 보험료는 매달 꾸준히 지출되는 비용이므로, 불필요한 지출을 줄이고 효율적으로 관리하는 것이 필요하다. 보험은 많이 가입한다고 보장자산이 커지는 것이 아니라, 나에게 꼭 맞는 보장을 준비하는 것이 가장 중요하다. 아래의 전략을 통해 보험료를 절약하면서도 효과적으로 보장자산을 관리할 수 있는 방법을 알아보자.

나의 목적과 맞지 않는 보험상품을 과감히 해지하라

보험 가입의 첫 번째 원칙은 나의 목적과 필요에 부합하는 상품인지 확인하는 것이다. 예를 들어, CI보험(선지급형 종신보험)은 중대한 뇌졸중, 중대한 급성심근경색 등 특정 질환에 대해서만 보험금을 지급하는 상품이다. 그러나 이 상품은 보험금 지급 조건이 까다롭고 실제 필요한 시점에 보험금을 받지 못하는 경우가 많다.

[CI보험 보장 조건]

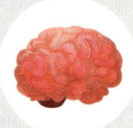

중대한 뇌졸중
▶ 영구적 신경학적 결손장해가 있어야 보상 가능
일상생활 기본동작에 제한을 남긴 때의 **장해지급률이 25%이상**인 장해 상태
(영구적인 장해진단 받으려면 6개월 경과해야 함)

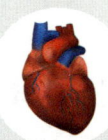

중대한 급성심근경색
▶ 전형적인 급성심근경색 심전도 변화
(ST분절파, T파, Q파가 새롭게 출현하는 경우)
▶ 좌심실 박출량이 **55%이하로 감소**

중대한 암
▶ 악성종양 크기 1.5mm 이상 되어야 하고 **침식, 침윤이 함께 동반**되어야 함
▶ 악성종양 이외의 **모든 피부암** 보장 제외
▶ **전립선암, 방광암, 갑상선암, 대장점막내암** 제외

 만약 주요 질환 대비를 목적으로 보험에 가입했는데 지급 요건이 복잡하거나 보장 내용이 명확하지 않다면 과감히 해지하는 것이 좋다. 대신, 현실적이고 간소화된 보장 조건을 가진 상품으로 대체하여 비용 효율성을 높이는 것이 중요하다.

건강 상태에 맞는 보장자산을 설계하라

보험 설계는 나의 현재 건강 상태와 미래의 질병 위험을 반영해야 한다. 과거에는 이러한 개인 맞춤형 설계가 어려웠지만, 오늘날에는 건강검진 결과와 유전자 분석을 활용해 미래 질병을 예측할 수 있는 프로그램이 활성화되고 있다. (참고 69페이지)

이러한 데이터를 바탕으로 본인에게 필요한 보장을 강화하고 불필요한 특약이나 중복된 보장은 과감히 제거할 수 있다. 예를 들어, 가족력으로 특정 질환의 위험이 높다면 해당 질환에 집중된 보장을 선택하고 필요 없는 보장은 줄임으로써 효율적으로 보험료를 관리할 수 있다.

납입기간을 길게 설정하고 납입면제 특약을 활용하라

보험료 절약을 위해 납입기간을 길게 설정하는 것도 효과적인 방법이다. 납입기간이 길수록 매월 부담하는 보험료는 줄어들며 이는 가계 재정에 여유를 줄 수 있다.

특히, 납입면제 특약을 활용하면 주요 질환에 걸렸을 경우 남은 보험료 납입이 면제되거나 지원받을 수 있다. 예를 들어, 보장기간 동 안 주요 질환이 발생하지 않는 것이 가장 이상적이지만, 만약 발생 하더라도 납입보험료가 면제되어 총 보험료 지출을 크게 줄일 수 있다. 이는 보험료를 효율적으로 관리하면서도 장기적인 보장 안정성을 확보하는 방법 중 하나이다.

3장.
보험 설계의 핵심은 '보장의 균형'이다

3-1. 보장 공백 없이 설계하는 법

보험은 미래를 대비하는 중요한 자산이다. 하지만 그 자산이 제대로 기능하려면 보장에 공백이 없어야 한다. 보장 자산을 제대로 설계하지 않으면 특정 상황에서 기대한 보장을 받지 못해 불필요한 손해를 볼 수 있다. 예를 들어 내가 3대 질병, 사망 보험금, 입원비 등 다양한 보장을 위해 많은 보험료를 지불하고 있다고 가정해보자. 그런데 갑자기 2도 화상을 입고 통원 치료를 받게 되었을 때 치료비에 대한 보장이 제대로 나오지 않는다면 어떻게 될까? 이럴 때 보험을 잘못 가입했다고 느낄 수 있다.

보험을 설계할 때 우리는 종종 보장자산을 우산에 비유하곤 한다. 비가 오는 날 우산을 펴고 나갔는데 우산에 구멍이 나 있다면 비를 피할 수 없을 것이다. 마찬가지로 보장자산도 공백 없이 설계되어야 한다. 내가 예상치 못한 상황에서 보험이 보장해줄 수 있는 범위가 없다면 그 보험은 불완전한 자산이 될 수 있다. 그러므로 보장 공백 없이 보험을 잘 가입해야 하는 이유는 내가 겪을 수 있는 다양한 상황에 대비하기 위해서이다.

하지만 무조건 모든 보장을 추가하면 보험료가 급격히 증가하게 된다. 무리하게 보험을 많이 가입하면 경제적 부담이 커지게 되어 결국 보험의 의미가 퇴색될 수 있다. 이 때문에 보험을 설계할 때는 균형이 중요하다. 보장 범위와 보험료 간의 균형을 맞추는 것이 핵심이다. 너무 많은 보장을 추가하려고 하면 보험료가 지나치게 올라가고 결국 생활비나 다른 중요한 비용을 압박할 수 있기 때문이다.

따라서 보장을 과도하게 늘리지 않고 나의 실제 필요에 맞는 보장을 정확하게 설계하는 것이 중요하다. 예를 들어 2도 화상 치료처럼 특정한 상황에 대한 보장이 부족하다면 그 부분에 맞춰 보장을 추가하되 불필요한 중복 보장이나 과도한 보장은 줄여야 한다. 보험료를 줄이고 나에게 필요한 보장은 확실하게 보장받는 방법을 선택하는 것이 현명한 보험 설계의 핵심이다.

결론적으로 보장자산은 공백 없이 설계해야 한다. 미래에 발생할 수 있는 다양한 리스크를 고려하여 필요한 보장은 확실히 보장받고 불필요한 중복 보장은 줄여 보험료와 보장 범위 간에 균형을 맞추는 것이 중요하다. 보험 설계에서 균형 잡힌 접근이 바로 최고의 보장 자산을 만드는 길임을 기억하자.

3-2. 보험료vs 보장범위, 균형을 맞추는 방법

보험 설계에서 가장 중요한 것은 보험료와 보장범위 사이의 균형이다. 이 두 요소는 서로 밀접한 상관관계를 가지고 있어, 보험료를 높게 책정하면 보장범위가 넓어지고, 반대로 보험료를 낮추면 보장범위가 좁아지는 특성을 보인다.

따라서 적절한 보험료와 보장범위에 대해서 기준과 우선순위를 정해야 한다. 이 두 요소 중에서도 보장자산대비 보험료가 더 중요한 기준이 되어야 한다. 그 이유는 아무리 좋은 보장내용을 가진 보험 이라도, 보험료를 지속적으로 납입할 수 없다면 그 보장은 무의미 해지기 때문이다.

[보장자산 대비 보험료 중요성]

보험 설계의 첫 단계는 가계의 적정 보험료를 설정하는 것이다. 우리 동네보험닥테에서는 연금자산을 제외한 보험료 총액을 월수입의 10% 미만으로 유지할 것을 권장한다. 이는 장기적으로 안정적인 보험료 납입이 가능한 수준이면서도, 필요한 보장을 확보할 수 있는 적정선 이기 때문이다.

[가계 수입과 보험료 비율]

 이렇게 보험료 한도를 정한 후에는, 그 범위 내에서 최대한의 보장을 확보할 수 있는 혼합설계를 진행해야 한다. 이때 중요한 것은 단순히 여러 상품을 조합하는 것이 아니라, 각 보험상품의 특성을 정확히 이해하고 서로 보완할 수 있는 방식으로 설계하는 것이다. 예를 들어, 하나의 상품으로는 보험료가 부담되는 보장도, 여러 상품의 특약을 조합하면 비슷한 보장을 더 저렴한 보험료로 구성할 수 있다.
 결국 보험 설계의 핵심은 가계의 재정 상황에 맞는 적정 보험료를 먼저 설정하고, 그 범위 내에서 최적의 보장을 확보할 수 있는 혼합설계를 구성하는 것이다. 이러한 접근방식을 통해 장기적으로 안정적인 보험 보장을 유지할 수 있다.

3-4. 보험설계의 황금비율: 효과적인 혼합설계의 중요성

보험 특약은 수천 가지에 이르지만, 이를 크게 다섯 가지로 구분할 수 있다. 사망보험금, 주요질환진단비, 입원비, 수술비, 실손의료비가 바로 그것이다. 이 다섯 가지는 보험 설계의 기본 틀이며, 각 항목별로 적정 필요 비율을 설정하는 것이 중요하다.

사망보험금은 일반적으로 연봉의 3배 정도를 가입하는 것이 적정 하다고 여겨진다. 이는 유가족의 생활비와 미래를 대비하기 위함이다. 주요질환진단비는 연봉의 1배 정도를 가입하는 것이 권장된다. 이는 암, 뇌혈관질환, 심혈관질환과 같은 주요 질환 발생 시 치료비와 생계 비를 보장받기 위함이다.

[사망보험금 적정 비율]   [주요질환진단비 적정 비율]

그러나 한 가지 보험상품만으로 이러한 비율을 충족하려 하면 보험료가 과도하게 상승할 수 있다. 이때, 여러 보험상품을 조합하여 설계하는 혼합설계가 효과적인 대안이 된다. 단일 상품으로는 높은 보험료를 부담해야 하는 보장도 여러 상품을 적절히 조합하면 보장 범위를 넓히면서 보험료 부담을 줄일 수 있는 장점이 있다. 이러한 이유로 전문가들은 혼합설계를 강조한다.

하지만 혼합설계를 시작하기 전에 반드시 고려해야 할 두 가지 요소가 있다.

첫째는 개인의 필요와 재정 상황을 명확히 파악하는 것이다. 나이나 건강 상태, 가족 구성원 등을 고려하여 적합한 보장을 설계해야 한다. 둘째는 보험상품의 비교와 분석이다. 현재 한 보험회사가 약 30개 정도의 상품을 판매한다고 가정하면, 40개의 보험회사가 존재할 경우 총 1,200개의 상품이 된다. 이렇게 방대한 상품을 일일이 비교하는 것은 현실적으로 어렵지만, 보험 비교 시스템을 활용하면 효율적으로 분석할 수 있다.

혼합설계는 단순히 여러 상품을 나열하는 것이 아니라, 각 상품의 강점을 극대화하고 중복 보장을 최소화하는 방향으로 설계해야 한다. 이를 통해 보험료 부담은 줄이면서도 보장 공백 없이 효과적인 보험 포트폴리오를 구축할 수 있다. 보험은 단순한 비용이 아니라 미래의 안전망이라는 점을 잊지 말고, 체계적이고 합리적인 설계를 통해 최적의 보장을 준비하자.

혼합설계로 "비용은 절감"하고, "보장은 확대"할 수 있습니다.

Part 1. 왜 보험을 새롭게 설계해야 할까?

Part 2.

AI와 빅데이터로 찾는 똑똑한 보험 설계법

4장.
AI와 빅데이터로 찾는 똑똑한 보험 설계법

4-1. AI보험설계란

AI 보험설계의 가장 큰 특징은 데이터 기반의 맞춤형 설계가 가능하다는 점이다. 고객의 나이, 직업, 소득수준 등 다양한 개인정보를 분석하여 최적화된 보험상품을 추천할 수 있다. 특히 동일 나이대의 보험가입 데이터를 비교 분석함으로써 부족하거나 과도한 보장 내역을 정확하게 파악하고 조정할 수 있게 되었다.

최근에는 유전자 분석과 질병예측 프로그램을 접목한 더욱 진보된 서비스도 제공되고 있다. 개인의 유전적 특성과 건강 데이터를 분석하여 발병 가능성이 높은 질병을 예측하고 이에 대한 집중적인 보장 설계가 가능해졌다. 이를 통해 고객은 자신의 건강 특성에 맞는 최적화된 보험상품을 선택할 수 있게 되었다.

AI 기술은 보험설계뿐만 아니라 고객관리 영역에서도 혁신을 가져오고 있다. 자동화된 시스템을 통해 계약 관리, 보험금 청구, 만기 안내 등 다양한 고객 서비스를 효율적으로 제공할 수 있게 되었다. 이는 보험설계사의 업무 효율성을 높이고 고객 만족도를 향상시키는데 크게 기여하고 있다.

 또한 AI 보험설계는 데이터 분석을 통해 고객의 니즈 변화를 신속하게 파악하고 대응할 수 있다. 시장 트렌드와 고객 선호도 분석을 통해 새로운 보험상품 개발에도 활용되고 있으며 이는 보험회사의 상품 경쟁력 강화로 이어지고 있다.

 AI 보험설계의 도입으로 보험산업은 더욱 전문화되고 효율적으로 변화하고 있다. 고객에게는 맞춤형 서비스를 보험사에게는 업무 효율성을 제공함으로써 보험산업의 새로운 패러다임을 만들어가고 있다. 앞으로도 AI 기술의 발전과 함께 보험설계 서비스는 더욱 진화할 것으로 예상된다.

[AI 보험설계의 장점]

구분	기존 보험설계	AI 보험설계
상품 추천 방식	주관적 요소 개입 가능	AI 알고리즘을 통한 객관적 추천
고객 관리	수동적 고객관리	자동화된 고객 맞춤 서비스
데이터 활용	제한적인 데이터 분석	빅데이터 기반 정밀 분석

 이러한 변화는 단순히 기술적인 혁신을 넘어 보험산업 전반의 디지털 전환을 이끌고 있다. 보험설계사들은 AI 기술을 활용하여 더욱 전문적이고 데이터에 기반한 상담을 제공할 수 있게 되었으며 이는 고객과의 신뢰관계 구축에도 긍정적인 영향을 미치고 있다.

 결론적으로 AI 보험설계는 보험산업의 미래를 선도하는 핵심 기술이 되었다. 개인화된 서비스 제공, 업무 효율성 향상, 데이터 기반의 의사결정 지원 등 다양한 측면에서 혁신을 가져오고 있으며 이는 보험산업의 지속가능한 성장을 위한 중요한 동력이 되고 있다.

4-2. 고객맞춤형 AI보험설계

사례 1) 30대 직장인의 건강 보장 강화형 보험 설계김모 씨(35세, 직장인)는 고혈압 초기 진단을 받았다. AI 보험설계 시스템은 김 씨가 가입가능한 유병자보험상품을 분석한 후 뇌혈관과 심혈관 질환 보장이 강화된 보험상품을 추천했다. 또한 데이터 분석을 통해 김 씨와 비슷한 연령대의 가입자가 추가 선택하는 특약(예: 2대질환치료비)을 함께 안내하여 최적화된 설계를 제공했다. 이를 통해 김 씨는 향후 발생할 수 있는 질병에 대비할 수 있는 맞춤형 보험을 가입할 수 있었다.

사례 2) 40대 여성의 암 예방 중심 보험 설계이모 씨(42세, 주부)는 가족력으로 인해 유방암 발병 가능성이 높다는 점을 우려했다. AI 보험설계 시스템은 이 씨의 유전자 검사 결과와 건강 이력을 분석하여 유방암, 난소암 등의 보장이 강화된 상품을 추천했다. 또한 조기 검진 비용 지원 특약을 추가하여 예방적 관리가 가능하도록 설계했다. 이를 통해 이 씨는 본인의 건강 리스크를 줄이면서도 실질적인 혜택을 받을 수 있는 보험을 선택할 수 있었다.

사례 3) 20대 대학생의 저비용 고보장형 보험 설계최모 씨(24세,

대학생)는 저렴한 보험료로 필수적인 보장을 받을 수 있는 상품을 찾고 있었다. AI 보험설계 시스템은 최 씨의 라이프스타일과 경제적 상황을 고려하여 기본적인 의료비 보장과 사고 발생 시 보상이 강화된 상품을 추천했다. 또한 20대에 자주 발생하는 일상생활배상책임보험특약을 추가 옵션으로 제시하여 합리적인 선택이 가능하도록 도왔다.

 이러한 사례들은 AI 보험설계가 단순한 자동화된 보험 추천을 넘어 고객의 개별적인 상황과 니즈를 반영하여 보다 정밀한 맞춤형 보장을 제공할 수 있음을 보여준다. AI 기술은 단순히 기술적인 혁신을 넘어 보험산업 전반의 디지털 전환을 이끌고 있으며 이를 통해 보험설계사들은 더욱 전문적이고 데이터에 기반한 상담을 제공할 수 있게 되었다.

[AI 맞춤 보험설계]

 AI 보험설계는 보험산업의 미래를 선도하는 핵심 기술이 되었다. 개인화된 서비스 제공, 업무 효율성 향상, 데이터 기반의 의사결정 지원 등 다양한 측면에서 혁신을 가져오고 있으며 이는 보험산업의 지속가능한 성장을 위한 중요한 동력이 되고 있다.

5장.
불필요한 특약 제거로 보험료 줄이기

5-1. 필수특약 vs 불필요한 특약 구분법

보험에서 필수특약과 불필요한 특약을 구분하는 것은 많은 사람들이 어려워하는 부분이다. 하지만 이를 구분하는 핵심적인 기준은 바로 해당 보험의 목적과 본질을 정확히 이해하는 것이다. 각각의 보험 상품은 고유한 존재 이유와 목적을 가지고 있으며 이는 시간이 흘러도 변하지 않는 보험의 핵심적인 속성이라고 할 수 있다.

예를 들어 암보험의 경우를 살펴보자. 암보험에 암진단비특약과 암재활치료특약이 있다고 가정했을 때 둘 다 가입하면 좋겠지만 암보험의 본질적 목적을 생각해보면 어떤 특약이 더 필수적인지 구분 할 수 있다.

[필수특약 vs 선택특약 비교]

구분	필수특약	선택적 특약
예시	암진단비특약	암재활치료특약
특징	보험 본질적 목적에 부합	보장이 추가되지만 필수는 아님
가입 기준	필수 가입 권장	선택적으로 가입 가능

암보험의 본질은 암 진단시 고액의 치료비를 보장하는 것이다. 따라서 암진단비특약은 이러한 본질적 목적에 직접적으로 부합하는 필수특약이라 할 수 있다. 반면 암재활치료특약은 치료 후 회복 과정을 보조하는 부가적인 성격을 띠고 있다.

또한 특약 간의 우위 관계를 파악하는 것도 불필요한 특약을 구분하는 중요한 기준이 된다. 예를 들어 뇌관련질환담보에서 뇌출혈담보와 뇌혈관담보가 있을 때 뇌혈관담보가 뇌출혈담보를 포함하면서 보험료가 크게 차이나지 않는다면 이는 절대우위를 갖는다. 또한 뇌혈관담보의 보험료가 조금 더 비싸더라도 보장받을 확률과 범위가 훨씬 크다면 이는 상대우위를 갖는다고 할 수 있다. 이처럼 특약 간의 우위 관계를 파악하면 불필요한 담보를 제거하는 것이 훨씬 수월해진다.

[특약 간의 우위 관계 비교]

특약명	보장범위	보험료 차이	가입 추천
뇌출혈담보	뇌출혈만 보장	낮음	상대적으로 비효율적
뇌혈관질환담보	뇌출혈 포함 뇌질환 전반 보장	크지 않음	보장범위 넓어 유리

시대의 변화에 따라 새로운 위험이 등장하고 이에 대응하기 위한 다양한 특약들이 계속해서 개발되고 있다. 이러한 상황에서 현명한 선택을 하기 위해서는 우선 해당 보험의 본질적 목적에 부합하는 특약을 먼저 선별해야 한다. 그 다음 단계로 자신의 상황과 필요에 따라 추가적인 특약을 선택하는 것이 바람직하다.

이러한 접근 방식을 통해 불필요한 보험료 지출을 줄일 수 있으며 정작 필요한 보장은 놓치지 않을 수 있다. 특히 보험 가입 시 설계사가 제안하는 다양한 특약들 중에서 실제로 필요한 것을 구분할 때 이러한 기준을 적용하면 매우 유용하다.

시간이 지나면서 생활환경이나 경제적 상황이 변할 수 있으므로 정기적으로 가입한 특약들을 검토하여 불필요한 특약은 정리하고 새롭게 필요한 특약은 추가하는 등의 관리도 필요하다. 이때도 역시 보험의 본질이라는 기준과 특약 간의 우위 관계를 중심으로 판단하면 합리적인 선택을 할 수 있다.

5-2. 자동차 운전자 건강보험 불필요한 특약 제거하기

자동차보험 불필요한 특약제거하기

자동차보험은 다양한 특약을 제공하지만 모든 특약이 반드시 필요한 것은 아니다. 많은 사람들이 설계사의 추천이나 할인율에만 집중하여 불필요한 특약까지 가입하는 경우가 많지만 자동차보험의 본질적 목적을 이해하면 필수 특약과 불필요한 특약을 쉽게 구분할 수 있다.

자동차보험의 핵심 목적은 교통사고로 인한 재정적 피해를 최소화하는 것이다. 따라서 대인배상II 자동차상해 특약 무보험차상해 특약 긴급출동 서비스 특약은 필수적으로 고려해야 한다. 대인배상II는 피해자의 치료비와 배상금을 무제한으로 보장하며 자동차상해 특약은 일반 자기신체사고보다 넓은 보상 범위를 제공한다. 무보험차상해 특약은 무보험 차량이나 뺑소니 사고에 대한 보상을 제공하고 긴급출동 서비스 특약은 사고나 비상상황에서 신속한 대응을 가능하게 한다.

 반면 신차 교환 특약, 렌터카 비용 지원 특약, 자기차량손해 경미손상 특약, 운전자 벌점 감경 특약 등은 신중하게 고려해야 한다. 이러한 특약들은 보험료가 비싸거나 실제 혜택을 받기 어렵거나 대체 가능한 다른 방법이 있을 수 있기 때문이다. 예를 들어 신차 교환 특약은 차량 감가상각을 고려하면 경제적 실익이 적고 렌터카 비용 지원 특약은 대중교통이나 단기 대체 차량 이용으로 대체할 수 있다.

 특약 선택 시에는 보험의 본질과 특약 간의 우위 관계를 고려해야 한다. 첫째, 해당 특약이 자동차보험의 본질적 목적인 사고 피해 보상에 부합하는지 확인해야 한다. 둘째, 기존 보장과 중복되거나 보장 금액이 낮은 특약은 제외할 수 있다. 마지막으로 특약 비용 대비 실제 받을 수 있는 혜택을 고려하여 실효성 있는 선택을 해야 한다.

[자동차보험의 필수특약 vs 불필요한 특약]

필수특약	불필요한 특약
대인배상 II 피해자의 치료비·배상금 무제한 보장	**신차교환특약** 감가상각 고려 시 실익 적음
자동차상해특약 자기신체사고보다 넓은 보장	**렌터카 비용 지원 특약** 대체 교통수단 이용 가능
무보험차상해특약 무보험 차량·뺑소니 사고 보장	**자기차량손해 경미손상 특약** 소액 수리비는 자비 부담이 유리
긴급출동서비스특약 사고 시 신속한 지원	**운전자 벌점 감경 특약** 실효성 낮음

운전자보험 불필요한 특약제거하기

　운전자보험의 필수특약과 불필요한 특약을 구분하는 것은 운전자보험의 본질을 이해하면 명확해진다. 운전자보험은 교통사고 발생 시 운전자가 직면할 수 있는 형사처벌에 대한 대비책으로 가입하는 보험이라는 점이 핵심이다.

　이러한 본질적 목적에 따라 가장 중요한 특약은 교통사고처리지원금특약이며 이와 함께 변호사선임비용특약과 벌금특약이 필수적이다. 이들 특약은 교통사고 발생 시 운전자를 법적, 경제적으로 보호하는 핵심적인 역할을 한다.

　반면 최근 많이 강조되는 자동차부상치료비특약의 경우는 운전자보험의 본질과는 거리가 있는 부가적인 특약이다. 물론 가입하면 좋은 보장이지만 운전자보험의 주요 목적과는 다소 거리가 있다.

　또한 골절진단비나 상해후유장해특약과 같은 특약들도 운전자보험에 포함될 수 있지만 이미 다른 보험상품을 통해 보장받고 있다면 운전자보험에서는 불필요한 특약이 될 수 있다. 이러한 특약들은 경제적 여유가 있을 때 추가로 고려할 수 있는 선택적 특약으로 보는 것이 적절하다.

　특히 운전자보험은 금융환경 변화에 따라 자주 개정되는 특성이 있다. 최근에는 교통사고처리지원금 특약의 보상한도와 활용도가 크게 향상되었다. 따라서 기존에 가입한 특약보다 새로운 특약이 보장범위나 보험료 측면에서 절대우위나 상대우위를 가진다면 새로운 특약으로 전환하는 것도 현명한 선택이 될 수 있다.

[운전자보험의 필수특약 vs 불필요한 특약]

필수특약
- 교통사고처리지원금 특약
  사고 시 법적 비용 보장
- 변호사선임비용 특약
  법적 대응 지원
- 벌금 특약
  형사적 책임 발생 시 벌금 보장

불필요한 특약
- 자동차부상치료비 특약
  운전자보험 본질과 무관한 부가 특약
- 골절진단비 특약
  실손보험 중복 가능
- 상해후유장해 특약
  다른 보험과 중복 시 불필요

5-3. 보험특약 삭제 타이밍과 절차

보험 특약 삭제는 신중한 검토와 절차가 필요한 중요한 과정이다. 모든 특약이 즉시 삭제 가능한 것은 아니며 의무특약처럼 기본계약과 연계된 특약은 개별 삭제가 불가능하므로 반드시 보험사에 사전 확인이 필요하다.

특약 삭제를 진행하기 전에는 현재 가입한 보험 약관을 상세히 검토하고 삭제하고자 하는 특약이 보장에 미치는 영향을 파악해야 한다. 또한 해당 특약이 의무특약인지 여부와 삭제로 인한 보험료 변동 사항도 확인이 필요하다.

삭제 절차는 보험사 연락을 통해 시작되며 콜센터나 온라인 고객센터

지점 방문 등 다양한 방법으로 진행할 수 있다. 특약 삭제 신청서와 본인 확인 서류 등 필요한 서류를 제출하면 보험사의 심사와 승인 과정을 거치게 된다. 승인 후에는 변경된 보험료와 보장 내용을 확인하고 새로운 보험증권을 받게 된다.

특약 삭제 시에는 여러 가지 유의사항이 있다. 삭제한 특약의 보장은 더 이상 받을 수 없으며 재가입이 어려울 수 있다. 또한 보험사에 따라 특정 기간에만 삭제가 가능할 수 있으며 삭제로 인한 보험료 변동도 반드시 확인해야 한다. 특약 삭제는 장기적인 보험 보장에 큰 영향을 미칠 수 있으므로 보험 전문가나 설계사와 상담하여 신중히 결정하는 것이 바람직하다.

특히 삭제 결정 전에는 해당 특약의 필요성을 장기적 관점에서 평가하고 대체 가능한 보장 방안이 있는지도 검토해야 한다. 보험료 절감을 위해 무분별하게 특약을 삭제하는 것은 향후 더 큰 위험을 초래할 수 있으므로 본인의 상황과 필요성을 충분히 고려한 후 결정해야 한다.

[특약 유지 vs 특약 삭제 후 대체방안]

구분	특약 유지	특약 삭제
보험료	상대적으로 높음	절감 가능
보장 내용	보장 유지	특정 보장 사라짐
재가입 가능성	유지 가능	재가입 어려울 수 있음

Part 2. AI와 빅데이터로 찾는 똑똑한 보험 설계법

6장.
숨은 보장찾기 : 놓치고 있던 보장활용하기

6-1. 혼동하기 쉬운 실손의료보험 보장항목

실손의료보험은 우리 일상에서 발생할 수 있는 의료비를 보장하는 중요한 보험상품이다. 그러나 같은 의료행위라도 그 목적과 상황에 따라 보상 여부가 달라질 수 있어 정확한 이해가 필요하다.

첫째, 건강검진과 관련된 보상범위를 살펴보겠다. 일반적인 정기 건강검진이나 단순검진은 실손의료보험의 보상대상이 아니다. 그러나 건강검진 중 발견된 이상소견으로 인한 추가검사는 보상이 가능하다. 특히 주목할 만한 점은 건강검진 과정에서 발견되어 시행하는 대장용종제거술이나 위 용종제거술의 경우도 실손보상 대상에 포함된다는 것이다.

둘째, 성형수술과 관련된 보장내용이다. 일반적으로 미용 목적의 성형수술은 실손보험 보상대상에서 제외된다. 예를 들어 단순히 가슴을 크게 하기 위한 유방확대술은 보상되지 않는다. 그러나 유방암 환자가 치료 과정에서 받는 유방재건술은 보상 가능하다. 이는 질병치료의 연장선으로 인정되기 때문이다. 눈 수술의 경우도 마찬가지다. 단순히 미용 목적의 쌍커풀 수술은 보상되지 않지만, 안검하수나 안검내반과 같은 의학적 치료가 필요한 경우의 수술은 보상 대상이 된다.

셋째, 한방치료, 치과치료, 항문치료와 관련된 보상기준이다. 이러한 진료영역에서는 건강보험이 적용되는 급여항목에 대해서는 실손의료보험으로 보상받을 수 있다. 예를 들어 한방치료의 경우 보험급여가 적용되는 침술, 한약치료 등은 실손보험으로 보상이 가능하다. 치과치료도 단순 미용목적이 아닌 질병치료를 위한 급여항목은 보상된다.

이처럼 실손의료보험의 보상여부는 치료의 목적과 의학적 필요성에 따라 결정된다. 미용이나 예방 목적의 의료행위는 일반적으로 보상되지 않지만, 질병이나 상해의 치료를 위한 의료행위는 보상된다. 따라서 의료서비스를 이용하기 전에 해당 치료가 실손보험 보상대상인지 확인하는 것이 중요하다.

[보장되는 항목 vs 보장 안 되는 항목]

항목	보장되는 항목	보장 안 되는 항목
재료대	인공 장기 등 신체에 이식돼 기능을 대신하는 진료재료	의치, 의수족, 의안, 안경, 콘텍트렌즈, 보청기, 목발, 하악전방유도 장치 등
건강검진	검진 결과 이상 소견에 따른 추가검사, 건강검진 중 대장/위 용종제거술	단순 건강검진
유방수술	유방암 환자의 유방재건술	외모개선 목적 유방확대 및 축소술
쌍커풀수술	안검하수, 안검내반 치료를 위한 시력개선 목적의 쌍커풀수술	외모개선 목적의 쌍커풀 수술
치과치료	구강, 턱 질환(K09~K14) 치아 질환(K00~K08)의 급여	치아 질환(K00~K08)의 비급여
한방치료	급여 한방병원에서의 양방 검사비는 비급여도 보장	비급여
항문질환	직장, 항문질환(I84, K60~K62, K64) 급여	직장, 항문질환(I84, K60~K62, K64) 비급여

항목	보장되는 항목	보장 안 되는 항목
비뇨계질환	요실금(N39.3, N39.4, R32) 외 대부분 비뇨기계 장애	요실금(N39.3, N39.4, R32)
수면무호흡증	수면무호흡증(G47.3)	단순 코골음
모반, 점 등	선천성 비신생물성 모반(Q82.5) 태아 때 가입한 경우에 한함	모반, 점, 주근깨, 사마귀 등
화상치료	화상의 소독 등 병원진료 의료비 및 의사의 처방을 받아 구입한 의약품	의사의 처방 없이 구입한 피부재생 크림 등 의약외품
호르몬	진성 성조숙증 치료를 위한 호르몬 투여(급여의료비)	성장촉진 호르몬 투여

6-2. 보험금 청구 시 놓치기 쉬운 보장 5가지

보험은 예상치 못한 질병이나 사고로 인한 경제적 부담을 줄여주는 중요한 금융상품이다. 하지만 많은 사람들이 보장 내용을 정확히 알지 못해 보험금을 청구할 수 있음에도 불구하고 놓치는 경우가 많다. 보험금 청구 시 특히 놓치기 쉬운 보장 5가지를 알아보자.

1. 후유장해 특약 - 후유장해 진단 시점부터 3년 이내 청구 가능

보험금 청구는 일반적으로 사고 발생 시점을 기준으로 3년 이내에 해야 한다. 하지만 후유장해 특약의 경우에는 보험금 청구 기산점이 후유장해가 확정된 진단 시점이라는 점을 기억해야 한다.

예를 들어 교통사고로 인해 큰 부상을 입었지만 초기 치료 후에도 신체적 장애가 남았다고 가정하자. 이때 후유장해가 확정되지 않은 상태라면 후유장해 보험금을 청구할 수 없다. 하지만 치료가 끝난 후 의사가 후유장해 진단을 내렸다면 그 시점부터 3년 이내에 보험금 청구가 가능하다.

따라서 후유장해를 입은 경우라면 사고 발생 후 즉시 보험금을 청구하는 것이 아니라 후유장해가 확정된 이후에도 청구 가능 여부를 다시 한번 확인하는 것이 중요하다.

[일반 보험금 청구 vs 후유장해 보험금 청구]

일반 보험금 청구	후유장해 보험금 청구
사고 발생 시점 기준 3년 내 청구	후유장해 확정 시점 기준 3년 내 청구 가능

2. 건강검진 시 용종 제거도 수술비 보상 가능

건강검진을 받다가 내시경 검사를 통해 용종(폴립)을 제거하는 경우가 많다. 보통 건강검진의 일환으로 용종 제거를 받았다고 생각하기 때문에 많은 사람들이 보험금을 청구할 수 있다는 사실을 모르고 넘어간다.

하지만 수술비 특약이 포함된 보험에 가입되어 있다면, 용종 제거도 수술비 보상 대상이 될 수 있다. 보험약관에서 '수술'의 정의는 절제(切除)와 절단(截斷)을 포함하기 때문에 단순한 카테터 시술도 질병 수술비 보장에 포함될 가능성이 있다.

특히 약관에 '신의료기술 포함'이라는 문구가 있다면, 비교적 최신 치료법을 이용한 용종 제거도 보험금을 받을 수 있는 경우가 많다.

따라서 건강검진을 통해 용종 제거를 했다면, 가입한 보험 약관을 확인하고 보험금 청구 여부를 체크하는 것이 좋다.

[건강검진 vs 용종 제거]

건강검진	용종 제거
X	O
보장 안 됨	보장 가능 (특약 포함 시)

3. 일상배상책임보험 - 대물배상 자기부담금 줄이기

일상배상책임보험은 우리가 일상생활에서 타인이나 타인의 재산에 피해를 입혔을 때 보상해주는 보험이다. 예를 들어 자녀가 할아버지 댁에서 TV를 부수거나 공놀이를 하다가 이웃집 창문을 깨뜨리는 경우 등이 이에 해당한다.

이때 일반적으로 일상배상책임보험의 대물배상에는 자기부담금 20만 원이 적용된다. 예를 들어 자녀가 할아버지 댁에서 TV를 부쉈고 수리비가 50만 원 나왔다고 가정하자. 이 경우 보통 50만 원 중 자기부담금 20만 원을 제외한 30만 원만 보상받을 수 있다.

하지만 부모와 자녀 모두가 각각 일상배상책임보험에 가입되어 있다면 자기부담금을 적용하지 않고 보상을 받을 가능성이 있다. 즉 같은 사고라도 보험을 어떻게 활용하느냐에 따라 보상 금액이 달라질 수 있기 때문에 보험 설계를 꼼꼼히 확인하는 것이 중요하다.

[일상배상책임보험 적용 사례(자녀가 물건 파손)]

자녀가 TV를 부쉈을 때
보험 적용 가능

공놀이 중 이웃집 창문 파손
보험 적용 가능

4. 자동차부상치료비 - 가벼운 접촉사고도 보상 가능

 운전을 하다 보면 경미한 접촉사고를 경험할 수 있다. 이때 상대방 차량의 수리비는 자동차보험으로 보상이 되지만 운전자의 치료비는 별도로 보장받아야 하는 경우가 많다.

 이러한 경우 운전자보험에 포함된 '자동차부상치료비' 특약을 활용하면 보상이 가능할 수 있다. 운전자보험의 자동차부상치료비 특약은 경미한 사고로 인해 병원을 방문하고 치료를 받은 경우 병원비를 보장받을 수 있는 혜택을 제공한다.

 즉 큰 사고가 아니더라도 접촉사고로 인해 목이나 허리 등의 통증이 발생하여 병원을 방문했다면 운전자보험을 통해 치료비를 청구할 수 있는지 확인해볼 필요가 있다.

5. 임플란트도 1~3종 수술비 보상 가능

 과거 생명보험 상품 중에는 1~3종 수술비 보장 특약이 포함된 경우가 많다. 이 특약은 일반적인 수술뿐만 아니라 특정 의료 처치도 보상 대상으로 포함하고 있다.

많은 사람들이 임플란트는 치과 치료의 일부로 생각하고, 수술비 보상을 받을 수 없다고 오해한다. 하지만 1~3종 수술비 보장이 포함된 생명보험 상품이라면 임플란트 시술이 2종 수술비 보상 대상에 포함될 가능성이 있다.

특히 보험 가입 시점에 따라 적용되는 약관이 다를 수 있기 때문에 과거 가입한 생명보험 약관을 다시 확인하는 것이 중요하다. 만약 해당 특약이 포함되어 있다면 임플란트 비용의 일부를 보험금으로 보상받을 수 있다.

[일반 치과 치료 vs 임플란트 수술비]

일반 치과 치료	임플란트
X	O
보상 안 됨	1~3종 수술비 보장 포함 시 가능

7장.
AI로 보험을 자동 최적화하는 방법

7-1. AI 기반 보험설계 서비스 소개

AI 기술이 발전하면서 보험 설계와 관리에도 혁신적인 변화가 일어나고 있다. 과거에는 보험 상품을 선택하고 가입하는 과정이 복잡하고 시간이 많이 소요되었지만, 이제는 AI 기반 프로그램을 활용하여 보다 쉽고 빠르게 최적의 보험을 설계할 수 있다. 이번 장에서는 AI가 활용되는 대표적인 보험 최적화 프로그램 네 가지를 소개한다.

보장분석 프로그램

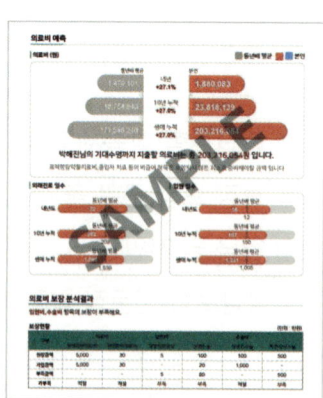

[보장분석 프로그램 예시]
자료 : 출처 변경

보장분석 프로그램은 고객이 현재 가입한 보험의 보장 내역을 분석하고 보장 공백을 찾아 최적의 보험 조합을 추천하는 역할을 한다. AI가 고객의 나이, 직업, 가족력, 생활 습관 등을 분석하여 필요한 보장을 계산하고 중복된 보장이나 부족한 부분을 자동으로 진단한다.

 예를 들어 고객이 암 보험과 실손보험을 보유하고 있지만 뇌혈관 질환 관련 보장이 부족하다면, AI는 이에 대한 보장 추가를 추천할 수 있다. 또한 기존 보험의 보장 한도를 비교하여 필요 이상으로 높은 보험료를 지출하고 있는 경우, 적정 수준으로 조정하는 방안도 제시한다. 이를 통해 고객은 자신에게 꼭 맞는 보험을 구성하고 불필요한 보험료 지출을 최소화할 수 있다.

질병예측 프로그램

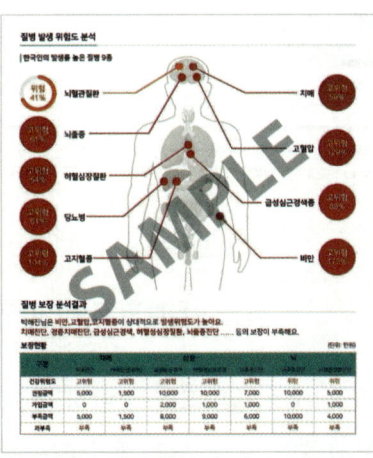

[질병예측 프로그램 예시]

자료 : 출처 변경

 질병예측 프로그램은 고객의 건강 데이터를 분석하여 향후 발생할 가능성이 높은 질병을 예측하고 이에 맞는 보험 상품을 추천하는 시스템이다. AI는 고객의 건강검진 기록, 병원 방문 이력, 유전적 요인, 생활 습관 등을 종합적으로 분석하여 특정 질병 발병 가능성을 계산한다.

 예를 들어 고객이 당뇨병 전단계에 해당하는 혈당 수치를 가지고 있다면, AI는 당뇨 합병증 보장이 포함된 보험 상품을 추천할 수 있다. 또한 AI는 특정 연령대에서 발병 확률이 높은 질병을 고려하여 사전에 보장을 준비할 수 있도록 돕는다. 이를 통해 고객은 미래의 건강 위험을 대비하고 적절한 보험을 미리 준비할 수 있다.

보험료 비교 프로그램

[보험료 비교 프로그램 예시]
자료 : 출처 변경

 보험료 비교 프로그램은 다양한 보험사의 상품을 비교하여 고객에게 가장 적합한 보험료를 제안하는 서비스이다. 기존에는 보험 상품을 비교하기 위해 각각의 보험사 홈페이지를 방문하거나 설계사와 상담해야 했지만 AI 기반 보험료 비교 프로그램을 활용하면 손쉽게 여러 보험사의 상품을 비교할 수 있다.

AI는 고객의 요구 조건(보장 범위, 보험료 예산, 특약 포함 여부 등)을 분석하여 수백 개의 보험 상품 중 최적의 조합을 찾아준다. 예를 들어 동일한 보장을 제공하지만 보험료가 더 저렴한 상품이 있는 경우 이를 추천하여 고객이 보다 합리적인 선택을 할 수 있도록 지원한다.

특히 AI는 보험사의 프로모션이나 할인 혜택까지 고려하여 고객이 최저 보험료로 원하는 보장을 받을 수 있도록 돕는다. 이를 통해 불필요한 보험료 지출을 방지하고 가성비 높은 보험 상품을 선택할 수 있다.

고객관리 프로그램

[고객관리 프로그램 예시]
자료 : 출처 변경

고객관리 프로그램은 보험 설계사나 보험사를 위한 AI 기반 고객 관리 솔루션으로 고객의 보험 계약, 만기 일정, 청구 내역 등을 체계적으로 관리하는 역할을 한다. AI는 고객 데이터를 실시간으로 분석하여 맞춤형 상담을 제공하고 적절한 시점에 보험 갱신, 추가 보장 제안 등을 자동으로 진행한다.

예를 들어 고객의 보험 만기일이 다가오면 AI가 자동으로 알림을 보내 보험 갱신을 유도하거나 새로운 상품을 추천할 수 있다. 또한 고객이 보험금을 청구해야 하는 상황이 발생하면 필요한 서류 및 절차를 안내하고 간편하게 청구할 수 있도록 지원한다.

보험 설계사 입장에서는 AI가 고객의 니즈를 분석하여 적절한 상품을 추천할 수 있도록 도와주며, 고객의 상담 이력을 자동으로 관리하여 맞춤형 서비스를 제공할 수 있다. 이를 통해 고객 만족도를 높이고 보다 효율적인 보험 관리가 가능하다.

7-2. AI 플랫폼을 활용한 맞춤형 설계 프로세스

보험 설계는 이제 단순한 상품 추천을 넘어 고객의 생애주기와 재무상황을 종합적으로 고려한 맞춤형 프로세스로 진화하고 있다. 특히 인공지능(AI) 기술의 발전은 보험 설계의 정확성과 효율성을 크게 향상시키며 보험업계에 혁신을 가져오고 있다. AI 플랫폼을 활용한 맞춤형 설계 프로세스는 데이터 기반의 객관적 분석과 개인화된 서비스를 결합하여 고객의 만족도를 높이고 보험 설계사의 경쟁력을 강화하는 핵심 도구로 자리잡고 있다.

AI 기반 맞춤형 설계 프로세스는 크게 고객 데이터 수집 및 분석, 위험 평가 및 니즈 파악, 상품 추천 및 포트폴리오 구성, 그리고 지속적인 관리와 최적화의 네 단계로 구분할 수 있다. 이러한 체계적 접근법은 고객의 현재 상황뿐만 아니라 미래의 변화까지 예측하여 장기적 관점에서의 보험 설계를 가능하게 한다.

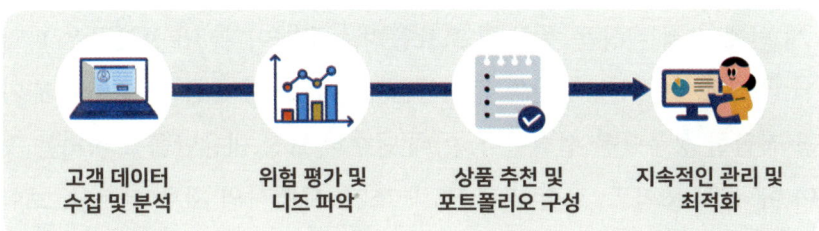

[AI 기반 맞춤형 설계 프로세스]

첫 번째 단계인 고객 데이터 수집 및 분석은 맞춤형 설계의 기반을 다지는 과정이다. 전통적인 방식에서는 설계사가 고객과의 대면 상담을 통해 제한된 정보를 수집했지만, AI 플랫폼에서는 고객의 기본 인적사항부터 소득, 자산, 부채, 소비 패턴, 기존 보험 가입 현황, 건강 상태 등 다양한 데이터를 자동으로 수집하고 통합할 수 있다. 특히 고객의 동의하에 금융 데이터와 건강 데이터를 연계하면 보다 정확한 분석이 가능하다. 고급 AI 알고리즘은 이러한 데이터를 종합적으로 분석하여 고객의 재무적 상황과 생애주기 단계를 정확히 파악하고, 잠재적인 위험 요소를 식별한다.

두 번째 단계는 위험 평가 및 니즈 파악이다. AI는 수집된 데이터를 바탕으로 고객의 현재 및 미래 위험 요소를 평가하고, 이에 따른 보험 니즈를 분석한다. 예를 들어, 가족 구성원의 변화, 직업적 특성, 건강 상태, 재무적 목표 등을 고려하여 질병, 사고, 사망, 노후, 재산 손실 등 다양한 위험 요소에 대한 보장 필요성을 산출한다. 머신러닝 알고리즘은 유사한 프로필을 가진 다른 고객들의 데이터를 참조하여 현재 명확하게 드러나지 않은 잠재적 니즈까지 예측할 수 있다. 이 과정에서 AI는 고객의 위험 감수 성향과 보험 예산을 고려하여 최적의 보장 수준을 제안한다.

세 번째 단계는 상품 추천 및 포트폴리오 구성이다. AI 플랫폼은 파악된 니즈에 기반하여 시장에 존재하는 수많은 보험 상품 중 고객에게 가장 적합한 상품들을 선별한다. 이때 단순히 보장 내용만을 고려하는 것이 아니라, 보험료, 보장 기간, 특약 조건, 보험사의 재무 건전성, 보험금 지급 실적 등 다양한 요소를 종합적으로 평가한다. 특히 AI는 복잡한 보험 상품의 약관을 자연어 처리 기술로 분석하여 숨겨진 제한 조건이나 면책 조항까지 고려할 수 있다. 추천된 상품들은 고객의 총체적 보험 니즈를 충족시키는 최적의 포트폴리오로 구성되며, 이 과정에서 중복 보장을 최소화하고 보장 공백을 방지하는 효율적인 설계가 이루어진다.

마지막 단계는 지속적인 관리와 최적화이다. AI 기반 설계는 일회성 서비스가 아닌 지속적인 프로세스로, 고객의 생애주기 변화와 시장 환경 변화에 따라 보험 포트폴리오를 주기적으로 재평가하고 최적화한다. AI 시스템은 고객의 생활 패턴, 건강 상태, 재무 상황의 변화를 모니터링하고, 새로운 보험 상품이 출시되거나 기존 상품의 조건이 변경될 때 이를 반영하여 업데이트된 추천을 제공한다. 또한 보험금 청구 과정을 자동화하고 간소화하여 고객 경험을 향상시키는 역할도 담당한다.

AI 플랫폼을 활용한 맞춤형 설계 프로세스는 여러 측면에서 기존 방식에 비해 뚜렷한 이점을 제공한다. 먼저, 데이터 기반의 객관적 분석을 통해 설계사의 주관적 판단이나 경험에 의존하던 기존 방식보다 정확하고 일관된 설계가 가능하다. 또한 방대한 양의 상품 정보와 복잡한 조건을 신속하게 처리할 수 있어 시간 효율성이 높고, 고객별 맞춤화 수준이 크게 향상된다. 특히 실시간 시뮬레이션과 시각화 도구를 통해 고객이 다양한 시나리오를 비교하고 이해하기 쉽게 제시할 수 있어 투명성과 신뢰도가 증가한다.

그러나 AI 기반 설계 프로세스가 설계사의 역할을 완전히 대체하는 것은 아니다. 오히려 AI는 설계사의 강력한 조력자로서, 반복적이고 계산 집약적인 작업을 자동화하여 설계사가 고객 관계 구축과 맞춤형 조언에 더 집중할 수 있게 한다. 설계사는 AI가 제공하는 데이터와 분석을 바탕으로 자신의 전문지식과 경험을 결합하여 최종 의사결정을 지원하는 역할을 한다. 이는 기술과 인간의 상호보완적 관계를 통해 최상의 서비스를 제공하는 '증강 지능(Augmented Intelligence)' 모델로 볼 수 있다.

현재 보험업계에서는 다양한 형태의 AI 설계 플랫폼이 활용되고 있다. 일부는 설계사만 접근 가능한 내부 시스템으로 운영되는 반면, 일부는 고객이 직접 이용할 수 있는 셀프 서비스 플랫폼으로 제공된다. 특히 주목할 만한 것은 하이브리드 모델로, 고객이 기본적인 정보 입력과 초기 분석을 직접 수행한 후 설계사와 연결되어 심층적인 상담을 받는 방식이다. 이러한 하이브리드 접근법은 디지털 편의성과 인간적 신뢰를 결합하여 고객 경험을 최적화한다.

AI 설계 플랫폼의 발전 방향은 더욱 광범위한 데이터 통합과 고도화된 분석 능력에 있다. 향후에는 웨어러블 기기에서 수집된 건강 데이터, 소셜 미디어 활동, 라이프스타일 정보 등이 보험 설계에 통합될 것으로 예상된다. 또한 예측 모델링 기술의 발전으로 고객의 미래 위험을 더욱 정교하게 예측하고, 맞춤형 예방 서비스까지 제공하는 종합적인 위험 관리 플랫폼으로 진화할 전망이다.

규제 및 윤리적 측면에서도 AI 기반 보험 설계는 중요한 과제를 안고 있다. 개인정보 보호, 알고리즘 투명성, 공정성 등을 보장하기 위한 장치가 필수적이며, 이는 신뢰할 수 있는 AI 설계 프로세스 구축의 핵심 요소이다. 금융당국도 이러한 기술 발전에 맞춰 관련 규제를 현대화하는 추세이나, 소비자 보호와 혁신 촉진 사이의 균형을 찾는 것이 중요한 과제로 남아있다.

결론적으로, AI 플랫폼을 활용한 맞춤형 설계 프로세스는 보험 산업의 미래를 대표하는 혁신적 접근법이다. 이는 데이터와 알고리즘의 힘을 활용하여 고객 중심의 맞춤형 보험 솔루션을 제공하고, 설계사의 역량을 강화하며, 궁극적으로는 더 많은 사람들이 적절한 보험 보장을 통해 안정적인 삶을 영위할 수 있도록 돕는 중요한 도구이다. 보험 설계의 디지털 혁신은 이제 단순한 선택이 아닌 필수적인 방향성이 되었으며, 이러한 변화에 적응하고 활용하는 능력이 미래 보험 시장에서의 경쟁력을 좌우할 것이다.

7-3. 내 보험을 AI로 자동 최적화하는 절차와 도구

 보험은 현대인의 삶에서 필수적인 위험 관리 도구이지만, 다양한 보험 상품과 복잡한 약관으로 인해 많은 사람들이 자신에게 정말 필요한 보장이 무엇인지, 현재 가입한 보험이 최적의 상태인지 판단하기 어려운 경우가 많다. 최근 AI 기술의 발전은 이러한 문제를 해결하는 새로운 방법을 제시하고 있다. AI 기반 보험 최적화 시스템은 개인의 상황과 니즈에 맞춰 보험 포트폴리오를 분석하고, 불필요한 보장은 줄이면서 필요한 보장은 강화하는 최적의 솔루션을 제안한다.

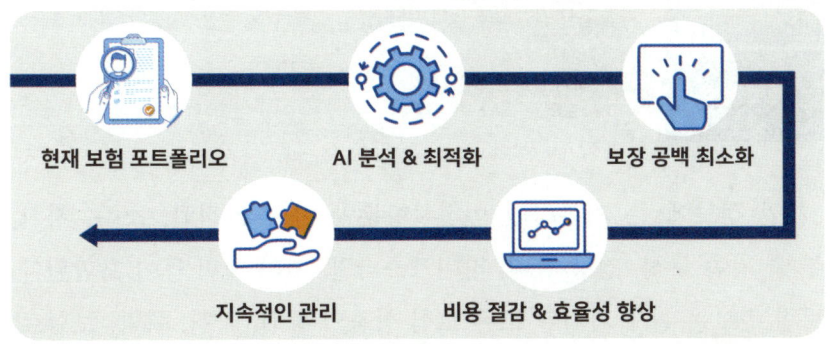

[AI 기반 보험 최적화 개념도]

Part 2. AI와 빅데이터로 찾는 똑똑한 보험 설계법

AI 보험 최적화란 인공지능 기술을 활용하여 개인이 가입한 모든 보험 상품을 종합적으로 분석하고, 현재 라이프스테이지와 재정 상황에 맞게 보험 포트폴리오를 재구성하는 과정을 말한다. 전통적인 보험 설계가 주로 신규 보험 가입에 초점을 맞추었다면, AI 최적화는 기존 보험의 재평가와 조정에 중점을 둔다. 이는 단순히 보험료를 줄이는 것이 아니라, 동일한 또는 더 적은 비용으로 더 효과적인 보장을 제공하는 것을 목표로 한다.

AI 보험 최적화의 핵심은 '맞춤화'에 있다. 개인마다 직업, 가족 구성, 건강 상태, 재정 상황, 위험 선호도가 다르므로, 표준화된 보험 설계는 효율적이지 않다. AI는 방대한 데이터를 분석하여 개인별 특성과 니즈를 파악하고, 수많은 보험 상품 중에서 최적의 조합을 찾아낸다. 이러한 과정은 지속적으로 이루어져, 생애주기 변화에 따라 보험 포트폴리오도 함께 진화하게 된다. AI 보험 최적화의 첫 단계는 포괄적인 데이터 수집이다. 이는 크게 개인 정보와 보험 정보로 나뉜다.

[데이터 수집 유형 및 방식]

데이터 유형	수집 항목	수집 방식
개인 정보	나이, 성별, 직업, 소득, 부채, 가족 구성, 건강 상태, 라이프스타일	사용자가 직접 입력, 금융 데이터 API 연동, 건강보험공단 데이터 활용
보험 정보	보험 상품명, 보장 내역, 보험료, 특약, 만기일	보험 증권 OCR 스캔, 보험사 데이터 연동

개인 정보에는 기본적인 인적사항뿐만 아니라 직업, 소득, 자산, 부채, 가족 구성, 건강 상태, 라이프스타일, 미래 계획 등이 포함된다. 보험 정보는 현재 가입된 모든 보험 상품의 증권, 약관, 특약, 보험료,

보장 내용 등을 망라한다. 최신 AI 최적화 플랫폼은 다양한 방식으로 이러한 데이터를 수집한다. 사용자가 직접 입력하는 방식 외에도, 금융 데이터 통합 API를 통해 금융기관의 정보를 자동으로 가져오거나, 보험 증권 스캔 기능을 통해 종이 문서의 정보를 디지털화할 수 있다. 또한 일부 플랫폼은 사용자의 동의하에 건강보험 공단이나 금융기관의 데이터를 연계하여 더욱 정확한 분석을 제공한다.

데이터 수집이 완료되면, AI는 현재 보험 포트폴리오의 종합적인 분석을 수행한다. 이 단계에서는 현재 보험들이 주요 위험(질병, 상해, 사망, 노후, 재산 등)을 충분히 보장하는지 평가하고, 여러 보험에서 동일한 위험을 중복해서 보장하는 영역을 파악하며, 현재 보험들이 보장하지 못하는 잠재적 위험 영역을 도출하고, 현재 지불하는 보험료 대비 보장 혜택의 효율성을 분석하며, 자연어 처리(NLP) 기술을 활용해 복잡한 약관의 실질적 보장 내용과 제한 조건을 해석한다.

이 분석 과정에서 AI는 사용자의 연령, 성별, 직업, 건강 상태 등을 고려하여 실제로 발생 가능한 위험의 확률과 심각도를 산출하고, 이에 따른 최적의 보장 수준을 계산한다. 이는 단순히 보험사의 표준 상품을 추천하는 것이 아니라, 개인별 위험 프로필에 기반한 과학적 접근법이다. 포트폴리오 분석을 바탕으로, AI는 현재 상태로 유지하는 것이 최적인 보험 상품을 식별하고, 보장 내용이나 보험료 조정이 필요한 상품에 대한 구체적 변경 방안을 제시하며, 불필요하거나 비효율적인 보험에 대한 해지를 제안하고, 보장 공백을 메우기 위한 신규 보험 상품을 추천하는 등의 최적화 솔루션을 제안한다.

이 과정에서 AI는 단순히 보장 내용만 고려하는 것이 아니라, 보험사의 재무 건전성, 보험금 지급 실적, 고객 서비스 품질, 디지털 서비스 편의성 등 다양한 요소를 종합적으로 평가한다. 특히 고급 AI 시스템은 사용자의 위험 감수 성향과 예산 제약을 고려하여, 여러 시나리오별 최적 솔루션을 비교 제시함으로써 사용자의 의사결정을 돕는다.

최적화 솔루션이 결정되면, 이를 실행하는 단계로 넘어간다. 최신 AI 플랫폼은 단순히 추천에 그치지 않고, 실제 보험 변경 과정을 지원하는 기능도 제공한다. 예를 들어, 보험 해지나 조정을 위한 서류 작성을 자동화하거나, 신규 가입을 위한 온라인 신청 과정을 안내한다. 일부 플랫폼은 보험사와의 API 연동을 통해 플랫폼 내에서 직접 보험 변경 절차를 진행할 수도 있다. 최적화 과정이 완료된 후에도, AI 시스템은 지속적으로 사용자의 상황과 보험 시장을 모니터링한다. 생애주기의 변화(결혼, 출산, 주택 구입 등), 건강 상태의 변화, 새로운 보험 상품의 출시, 금융 환경의 변화 등이 감지되면, 이를 반영한 재최적화를 제안한다. 이러한 지속적인 모니터링은 보험 포트폴리오가 항상 최적의 상태를 유지하도록 보장한다.

현재 시장에는 다양한 AI 보험 분석 플랫폼이 존재한다. 이들은 머신러닝, 자연어 처리, 데이터 마이닝 등의 기술을 활용하여 보험 포트폴리오를 분석하고 최적화한다. 주요 기능으로는 증권 스캔 및 텍스트 인식, 약관 해석 및 분석, 보장 내용 시각화, 위험 프로필 평가, 시나리오별 시뮬레이션 등이 있다. 사용자 친화적 인터페이스를 통해 복잡한 보험 정보를 이해하기 쉽게 제시하며, 모바일 앱을 통해 언제 어디서나 접근할 수 있는 편의성을 제공한다. 또한 금융 데이터 통합 시스템은 여러 금융기관과 보험사의 데이터를 한곳에 모아 통합적인 분석을 가능하게 한다. 이는 오픈뱅킹 API나 마이데이터 서비스를 활용하여 사용자의 동의 하에 금융 정보를 안전하게 수집하고 분석한다. 이를 통해 보험뿐만 아니라 전반적인 재무 상황을 고려한 종합적인 최적화가 가능해진다.

 AI 기반 보험 비교 엔진은 시장에 존재하는 수많은 보험 상품 중에서 사용자의 니즈와 상황에 맞는 최적의 상품을 찾아준다. 단순한 가격 비교를 넘어, 보장 내용, 약관 조건, 보험사 신뢰도, 서비스 품질 등을 종합적으로 평가하여 가성비 높은 상품을 선별한다. 또한 기존 보험과의 보장 중복 여부를 자동으로 체크하여, 추가 가입 시 효율성을 극대화한다. AI 챗봇과 가상 어시스턴트는 보험 최적화 과정에서 사용자의 질문에 답하고, 의사결정을 도우며, 추가 정보를 수집하는 역할을 한다. 자연어 처리 기술을 활용하여 사용자와 대화하며, 복잡한 보험 용어와 개념을 쉽게 설명한다. 또한 24시간 이용 가능하여 사용자가 필요할 때 언제든지 도움을 받을 수 있다는 장점이 있다.

AI 보험 최적화가 많은 이점을 제공하지만, 몇 가지 한계와 유의사항도 존재한다. 첫째, AI의 분석과 추천은 입력된 데이터에 기반하므로, 정확하고 충분한 정보 제공이 중요하다. 둘째, AI는 객관적 분석에 강점이 있지만, 보험 선택에는 주관적 가치판단도 중요하므로 최종 결정은 인간의 판단이 필요하다. 셋째, 개인정보 보호와 데이터 보안이 철저히 보장되어야 한다. 넷째, AI 시스템이 특정 보험사나 상품에 편향되지 않도록 투명한 운영이 필요하다.

AI를 활용한 보험 자동 최적화는 복잡한 보험 세계를 탐색하는 개인들에게 강력한 도구가 되고 있다. 데이터 기반의 객관적 분석, 개인화된 추천, 지속적인 모니터링을 통해 언제나 최적의 보험 포트폴리오를 유지할 수 있게 해준다. 기술의 발전과 함께 AI 보험 최적화 도구는 더욱 정교해지고 접근성도 높아질 전망이다. 이는 단순히 비용 절감을 넘어, 개인이 진정으로 필요한 보장을 확보하고, 예기치 못한 위험으로부터 재정적 안전망을 구축하는 데 큰 도움이 될 것이다. 결국 AI 보험 최적화의 진정한 가치는 기술 자체가 아니라, 이를 통해 개인과 가족이 더 안심하고 미래를 계획할 수 있게 된다는 점에 있다.

7-4. AI 보험 설계 서비스의 장단점

보험 산업에서 AI 기술의 도입은 보험 설계 및 관리 방식에 혁신적인 변화를 가져오고 있다. AI 보험 설계 서비스는 데이터 분석, 패턴 인식,

예측 모델링 등의 기술을 활용하여 개인 맞춤형 보험 솔루션을 제안하고 보험 포트폴리오를 최적화한다. 그러나 이러한 기술적 진보에도 불구하고, AI 보험 설계 서비스는 여전히 여러 장점과 한계점을 동시에 가지고 있다. AI 보험 설계 서비스의 가장 큰 장점은 방대한 데이터를 분석하여 객관적인 결과를 도출한다는 점이다. 인간 설계사가 기억하고 분석할 수 있는 정보의 양에는 한계가 있지만, AI는 수십만 개의 보험 상품 정보, 약관 내용, 보험금 지급 사례, 고객 리뷰 등을 신속하게 처리할 수 있다. 이를 통해 개인의 상황에 가장 적합한 보험 상품을 수학적으로 분석하여 추천함으로써, 주관적 판단이나 편향에서 벗어난 객관적인 설계가 가능하다.

또한 AI 보험 설계 서비스는 24시간 이용 가능하며, 온라인 플랫폼을 통해 언제 어디서나 접근할 수 있다는 효율성과 접근성 측면에서 큰 장점을 가진다. 전통적인 방식에서는 보험 설계사와의 상담 일정을 맞추고, 여러 번의 미팅을 통해 보험 설계를 진행해야 했지만, AI 시스템은 이러한 시간적, 공간적 제약을 극복한다. 복잡한 계산과 비교 분석이 자동화되어 몇 분 내에 완료되므로, 고객은 더 빠르게 의사결정을 내릴 수 있으며, 이는 특히 바쁜 현대인들에게 큰 편의성을 제공한다.

비용 효율성 측면에서도 AI 보험 설계 서비스는 인건비가 들지 않아 상대적으로 저렴한 비용으로 운영될 수 있다. 이러한 비용 절감은 고객에게 더 낮은 수수료나 무료 서비스로 이어질 수 있다. AI는 여러 보험사의 상품을 동시에 비교 분석할 수 있어, 동일한 보장 내용에 대해 가장 저렴한 상품을 찾아내는 데 탁월하다. 이를 통해 고객은 불필요한 중복 보장을 줄이고 최적의 비용으로 필요한 보장을 받을 수 있다.

AI 시스템은 한번 설계를 완료한 후에도 지속적으로 시장 변화와 고객 상황을 모니터링하여 필요할 때 업데이트된 추천을 제공할 수 있다. 새로운 보험 상품이 출시되거나, 기존 상품의 조건이 변경되거나, 고객의 생애주기 상 중요한 변화(결혼, 출산, 주택 구입 등)가 있을 때 이를 감지하고 최적화된 솔루션을 재제안한다. 이러한 지속적인 관리는 보험 포트폴리오가 항상 최신 상태로 유지되도록 보장한다.

최신 AI 보험 설계 서비스는 단순히 결과만 제시하는 것이 아니라, 그 추천의 근거와 논리를 투명하게 설명함으로써 교육적 가치도 제공한다. 시각화 도구와 쉬운 용어를 사용하여 복잡한 보험 개념을 이해하기 쉽게 풀어내며, 다양한 시나리오와 비교 분석을 통해 고객이 스스로 정보에 기반한 결정을 내릴 수 있도록 돕는다. 이는 보험에 대한 고객의

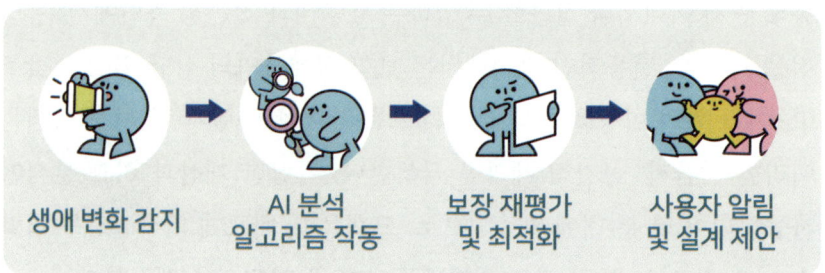

[AI 보험 포트폴리오 관리]

이해도를 높이고, 금융 교육적 측면에서도 가치가 있다. 그러나 이러한 장점에도 불구하고 AI 보험 설계 서비스는 여러 한계점을 가지고 있다. 가장 두드러진 한계는 감정적 이해와 공감 능력의 부족이다. AI는 데이터 분석과 논리적 추론에는 뛰어나지만, 인간의 감정적 측면과 미묘한 심리적 니즈를 이해하는 데는 한계가 있다.

보험은 단순한 금융 상품을 넘어 삶의 불확실성과 두려움, 가족에 대한 사랑과 책임감 등 감정적 요소가 깊이 관여하는 영역이다. 전문 보

험 설계사는 고객의 표정, 어조, 말하지 않은 걱정 등을 읽어내고 공감하며, 이를 바탕으로 더 맞춤화된 조언을 제공할 수 있다. 이러한 감성 지능은 현재의 AI 기술로는 완전히 대체하기 어려운 부분이다.

AI는 일반적이고 표준화된 상황에서는 잘 작동하지만, 복잡하거나 특수한 상황에서는 여전히 한계를 보인다. 예를 들어, 특이한 직업군(프리랜서, 특수직 종사자 등), 복잡한 건강 이력, 다양한 가족 구성(재혼 가정, 다문화 가정 등), 특수한 자산 구조 등을 가진 고객의 경우, AI의 표준화된 알고리즘이 완벽하게 대응하지 못할 수 있다. 또한 각 보험사의 언더라이팅 정책의 미묘한 차이나 예외 적용 가능성 등은 AI가 정확히 예측하기 어려운 부분이다.

AI 시스템은 학습된 데이터에 크게 의존하며, 이 데이터에 편향이 있을 경우 결과물에도 편향이 반영될 수 있다는 점도 한계로 작용한다. 예를 들어, 특정 인구 집단에 대한 데이터가 부족하거나 과거 데이터가 현재의 시장 상황을 정확히 반영하지 못할 경우, AI의 추천은 최적이 아닐 수 있다. 또한 일부 AI 시스템은 특정 보험사나 상품에 편향된 추천을 할 가능성도 있으며, 이러한 상업적 편향성은 고객의 이익에 반할 수 있다.

AI가 제공한 보험 설계에 오류가 있거나 부적절한 추천으로 인해 고객이 피해를 입었을 때, 그 법적, 윤리적 책임은 누구에게 있는지가 모호하다는 것도 중요한 문제점이다. 보험은 장기간에 걸쳐 영향을 미치는 중요한 금융 결정이므로, 이러한 책임 소재의 불명확성은 중요한 문제가 될 수 있다. 반면 인간 보험 설계사는 명확한 책임과 의무를 가지며, 고객과의 장기적인 신뢰 관계를 바탕으로 지속적인 서비스를 제공할 수 있다. 디지털 기기 사용에 익숙하지 않은 고령층이나 디지털 소외계층은 AI 보험 설계 서비스에 접근하고 활용하는 데 어려움을 겪을 수 있다는 기술적 접근성의 격차도 존재한다. 복잡한 입력 과정이나 기술적 용어는 일부 사용자에게 진입 장벽이 될 수 있다.

[AI vs 인간 보험 전문가 비교]

비교 항목	AI 보험 설계	인간 보험 전문가
정보 처리 속도	매우 빠름	제한적
감정 공감	부족	풍부한 공감 가능
특수 상황 대응	미흡	유연하고 창의적 대응 가능
법적 책임	불명확	명확한 책임 존재
고객 맞춤 조언	데이터 기반	감정, 경험 기반 종합 판단

이러한 디지털 격차는 AI 보험 설계 서비스의 혜택이 사회 전체에 고르게 분배되지 못하 는 원인이 된다. 이러한 AI 보험 설계 서비스의 한계점들은 결국 보험 전문가의 역할이 여전히 중요함을 시사한다. 보험 전문가는 표준화되지 않은 복잡한 상황을 종합적으로 판단하고, 고객의 특수한 니즈와 상 황에 맞는 맞춤형 조언을 제공할 수 있다.

특히 여러 보험이 복합적으로 얽혀 있는 경우나, 보험과 다른 금융 상품(투자, 세금 계획 등)을 통 합적으로 고려해야 하는 경우에 전문가의 종합적 시각은 큰 가치가 있다.

보험은 종종 질병, 사고, 사망 등 불안하고 민감한 주제를 다루므로, 고객은 단순한 정보 제공을 넘어 감정적 지원과 공감이 필요할 수 있다. 보험 전문가는 고객의 걱정과 두려움을 이해하고, 안심시키며, 장기적인 신뢰 관계를 구축할 수 있다. 이러한 인간적 연결은 AI가 제공하기 어려운 가치이다. 보험 전문가는 고객을 대신하여 보험 회사 와 협상하거나, 특별 조건을 요청하거나, 예외적용을 논의할 수 있는 중재자 역할도 수행한다. 또한 보험금 청구 과정에서 발생할 수 있는 복잡한 문제들을 해결하는데 도움을 줄 수 있다. 이러한 역할은 AI 시스템만으로는 완전히 대체하기 어려운 부분이다. AI 시스템이 제공한 추천을 검토하고 검증하는 역할도 보험 전문가의 중요한 기능이다. 그들의 경험과 전문 지식을 바탕으로 AI의 추천이 실제로 고객에게 최적인지, 누락된 고려사항은 없는지, 현실적인 적용 가능성은 어떠한지 등을 판단할 수 있다. 이는 AI와 인간 전문가의 강점을 결합한 '증강 지능' 모델로서, 미래 보험 설계의 이상적인 방향으로 볼 수 있다.

결론적으로, AI 보험 설계 서비스는 효율성, 접근성, 데이터 분석 능력 등에서 뛰어난 장점을 가지고 있으며, 보험 산업의 디지털 혁신을 이끌고 있다. 그러나 복잡한 상황 처리, 감정적 이해, 맞춤형 조언, 책임 소재, 접근성 격차 등의 측면에서는 여전히 한계가 존재한다. 따라서 최적의 보험 설계 서비스는 AI의 기술적 역량과 인간 전문가의 경험, 판단력, 공감 능력을 결합한 하이브리드 모델이다.

AI가 더욱 발전하더라도, 보험이 본질적으로 사람의 삶과 불확실성, 감정적 안전에 관한 것인 이상, 인간 보험 전문가의 역할은 계속해서 중요할 것이다. AI는 보험 전문가를 대체하는 것이 아니라, 그들이 더 효과적으로 고객을 지원할 수 있도록 돕는 강력한 도구로서 자리매김할 것이며, 이러한 상호보완적 관계를 통해 고객은 기술의 효율성과 인간적 조언의 가치를 동시에 누릴 수 있을 것이다.

8장.
고객 맞춤형 보험 설계의 실전 전략

8-1. 20대, 30대, 40대, 50대, 60대, 70대 이상 맞춤형 보험 설계 가이드

보험 설계는 연령대별로 필요 보장과 재정 상황이 다르기 때문에 맞춤형 접근이 필수적이다. 보험료 부담과 실질적인 보장을 고려해 최적의 설계를 하는 것이 중요하다.

20대: 사회 초년생을 위한 필수 보험 설계

20대는 건강하고 사고율이 낮지만 예상치 못한 질병과 사고로 인한 경제적 리스크를 대비하는 것이 중요하다. 이 시기에 보험을 가입하면 보험료가 저렴하고 보장 내용도 유리하게 설정할 수 있다.

■ 주요 필요 보장

- **실손의료보험**: 병원비 부담 최소화
- **질병/상해 보험**: 갑작스러운 질병/사고 대비
- **암보험**: 가족력 및 질병 발생 가능성 고려
- **저축성 보험**: 장기적인 자산 형성

- 운전자보험: 운전시 법률 비용 보장

■ 실제 사례 - 김OO(27세, 직장인, 연봉 3,200만 원)

- 실손의료보험(비급여 포함): 월 1.5만 원
- 암보험(진단비 5,000만 원): 월 3.5만 원
- 상해보험(골절, 수술비 보장 포함): 월 2만 원
- 운전자보험(변호사 선임비, 형사합의금 포함): 월 1.2만 원
- 저축성 보험(20년 납, 60세 연금 개시): 월 5만 원

총 보험료: 월 13.2만 원

[20대 보험료 구성 예시]

보험 항목	보장 내용	월 보험료
실손의료보험	비급여 포함	1.5만 원
암보험	진단비 5,000만 원	3.5만 원
상해보험	골절, 수술비 보장	2만 원
운전자보험	변호사 선임비, 형사합의금	1.2만 원
저축성 보험	20년 납, 60세 연금 개시	5만 원
총 보험료		13.2만 원

■ 추가 고려 사항

20대는 보험료가 저렴하므로 나이가 들면서 가입이 어려워지는 보장(암, 뇌혈관, 심혈관)을 미리 준비하는 것이 유리하다. 경제적 부담을 줄이기 위해 실손의료보험은 단독형으로 유지하는 것이 효과적이다.

30대: 가정을 고려한 맞춤형 보험 설계

30대는 결혼, 출산, 자녀 양육 등으로 경제적 책임이 커지는 시기다. 본인의 건강뿐만 아니라 배우자와 자녀를 위한 보장도 고려해야 한다.

■ 주요 필요 보장

- 3대 질병(암, 뇌혈관, 심혈관) 보험: 유병률 증가 대비
- 소득 보장 보험: 소득 상실 대비
- 자녀 보험(태아보험 포함)
- 연금보험: 장기 저축

■ 실제 사례 - 박OO(34세, 결혼 3년 차, 자녀 1명, 연봉 5,500만 원)

- 실손의료보험: 월 2만 원
- 암보험(진단비 7,000만 원): 월 5.5만 원
- 뇌혈관질환/심혈관질환 진단비(각 5,000만 원): 월 4.5만 원
- 자녀보험(어린이 실손 + 3대 질병 보장): 월 3만 원
- 연금보험(60세 개시, 20년 납): 월 10만 원
  총 보험료: 월 25만 원

■ 추가 고려 사항

30대는 본격적인 경제 활동 시기이므로 가계 경제에 영향을 미칠 수 있는 질병을 대비하는 것이 필수적이다. 배우자가 경제 활동을 하지 않는 경우 배우자 보험도 반드시 가입하는 것이 중요하다.

[30대 가족 맞춤형 보험 포트폴리오]

가장(직장인)	배우자(무직)	자녀(어린이)
실손보험	실손보험	어린이 실손보험
암보험	암보험	3대 질병 보장
뇌/심장 보험	뇌/심장 보험	-
연금보험	-	-

40대: 건강과 노후 준비를 동시에

40대는 본격적으로 노후 대비를 시작해야 하는 시기다. 경제적 여유가 있을 때 연금보험과 실손의료보험을 최적화하는 것이 중요하다.

[40대 경제 상황별 연금보험 전략]

경제 상황	월 저축 가능 금액	추천 연금보험 전략
넉넉함	30만 원 이상	조기 연금 개시(50세) + 노후 연금 강화
중간 수준	10~30만 원	60세 개시 연금보험 유지 + 추가 납입 고려
여유 없음	10만 원 이하	세액 공제 가능한 소액 연금보험 가입

■ 주요 필요 보장

- 3대 질병(암, 뇌, 심장) 보험 강화
- 실손의료보험 유지 및 갱신형에서 비갱신형 전환 고려
- 연금보험 가입 확대
- 자녀 교육비 대비 보험

■ 실제 사례 - 이OO(42세, 사업가, 연봉 7,000만 원)

- 실손의료보험: 월 2.5만 원
- 암보험(진단비 1억 원): 월 6만 원
- 연금보험(50세 개시, 월 100만 원 지급): 월 15만 원
- 자녀 교육보험(대학 학자금 대비): 월 5만 원

총 보험료: 월 28.5만 원

50대: 은퇴 준비와 건강 보장 강화

50대는 노후 대비와 건강 관리가 중요한 시기다. 치매보험 및 장기요양보험을 적극적으로 고려해야 한다.

[연령대별 치매 발병률 및 예상 비용]

연령대	치매 발병률 (%)	연간 치료/요양 비용(평균)
50대	2%	약 500만 원
60대	5%	약 1,000만 원
70대	10%	약 1,500만 원
80대 이상	20% 이상	약 2,500만 원

■ 주요 필요 보장

- 치매보험 및 간병보험
- 실손의료보험 유지 여부 검토
- 연금보험 추가 납입 고려

■ 실제 사례 - 정OO(52세, 회사원, 연봉 6,000만 원)

- 치매보험(경도 치매 보장 포함): 월 6만 원
- 연금보험(60세 개시, 월 50만 원 지급): 월 15만 원
- 유병자 암보험(진단비 5,000만 원): 월 4.8만 원

총 보험료: 월 25.8만 원

60대 이후: 의료비 대비 및 상속 설계

60대 이후에는 의료비 부담과 상속을 고려한 설계가 필요하다.

[상속세 절감 종신보험 전략]

자산 유형	상속세 부과 여부	절세 방법
현금	부과됨	종신보험 활용
부동산	부과됨	사전 증여 및 절세 전략
예금	부과됨	연금보험으로 전환
종신보험	비과세	상속 재원 마련

■ 주요 필요 보장

- 노후 실손의료보험 유지 여부 검토
- 상속 대비 종신보험 검토

■ 실제 사례 - 이OO(74세, 연금 생활자)

  - 실손의료보험 유지: 월 5만 원
  - 종신보험(보험금 5억 원, 상속세 절감 목적): 월 25만 원
   총 보험료: 월 30만 원

연령대별로 적절한 보험 전략을 세우는 것이 중요하다. 20대와 30대는 경제적 부담을 최소화하면서 꼭 필요한 보장을 확보하는 데 집중해야 한다. 40대와 50대는 건강 리스크에 대비하고 노후를 준비하는 방향으로 설계를 강화하는 것이 바람직하다. 60대 이후에는 의료비 관리와 상속 설계를 고려해 재정적 안정을 도모해야 한다. 연령이 바뀔 때마다 보험을 점검하고 필요한 보장을 보완하는 것이 최적의 보험 관리를 위한 핵심이다.

8-2. 라이프스타일에 따른 맞춤형 보험 설계 가이드

보험은 단순히 연령대에 따라 설계하는 것이 아니라 개인의 라이프스타일에 맞춰 최적화하는 것이 중요하다. 같은 연령대라도 직업, 건강 상태, 생활 패턴, 취미 등에 따라 보험 설계 방식이 달라질 수 있기 때문이다.

이 장에서는 직장인, 자영업자, 전업주부, 프리랜서, 고소득 전문직, 액티브 라이프(운동·레저 활동), 은퇴자 등 다양한 라이프스타일을

고려한 맞춤형 보험 설계 방법과 실제 사례를 소개한다.

직장인을 위한 맞춤형 보험 설계

직장인은 일정한 수입이 있지만 회사에서 제공하는 복리후생(단체보험 등) 외에도 소득 보호, 의료비 대비, 노후 준비가 필요하다.

■ **주요 필요 보장**

- 실손의료보험(병원비 보장)
- 3대 질병 보험(암, 뇌, 심장)
- 소득 보장 보험(근로 불가 시 대비)
- 퇴직 이후를 위한 연금보험

■ **실제 사례 - 박OO(38세, 대기업 직원, 연봉 6,500만 원)**

- 실손의료보험: 월 2.5만 원
- 암보험(진단비 1억 원): 월 6.2만 원
- 뇌·심혈관질환 보험(진단비 5,000만 원): 월 4.8만 원
- 소득 보장 보험(월 300만 원 지급형): 월 5.5만 원
- 연금보험(60세 개시, 월 100만 원 지급): 월 12만 원

  총 보험료: 월 31만 원

[직장인 보험료 구성 예시]

보험 항목	보장 내용	월 보험료
실손의료보험	병원비 보장	2.5만 원
암보험	진단비 1억 원	6.2만 원
뇌·심혈관보험	진단비 5,000만 원	4.8만 원
소득 보장 보험	월 300만 원 지급형	5.5만 원
연금보험	60세 개시, 월 100만 원 지급	12만 원
총 보험료		31만 원

■ **추가 고려 사항**

직장인이 기업 단체보험에 가입되어 있다면, 불필요한 중복 보장을 피하고 보험료를 절감하는 것이 좋다. 또한 주택담보대출이 있는 경우에는 예상치 못한 상황에서 대출 상환 부담이 가중될 수 있으므로 이를 대비할 수 있는 종신보험을 추가하는 것이 바람직하다.

자영업자를 위한 맞춤형 보험 설계

자영업자는 근로소득이 일정하지 않고 근무 중 사고나 건강 악화 시 경제적 부담이 크기 때문에 소득 보호, 상해 보장, 노후 대비가 필수적이다.

[자영업자의 소득 보호 전략]

1단계(기본)	2단계(보강)	3단계(완벽 대비)
실손보험	소득 보장 보험	연금보험
사업자보험	화재/배상보험	장기 간병보험

■ 주요 필요 보장

  - 실손의료보험 + 입원비 특약
  - 소득 보장 보험(질병·상해 보장 포함)
  - 사업자보험(화재, 배상책임보험)
  - 연금보험(사업소득 대비 은퇴 준비)

■ 실제 사례 - 이OO(45세, 식당 운영, 연매출 2억 원)

  - 실손의료보험: 월 3.2만 원
  - 상해·소득 보장 보험(입원 시 일당 10만 원 보장): 월 6.5만 원
  - 사업자배상책임보험(화재 및 고객 배상 포함): 월 5만 원
  - 노후 대비 연금보험(55세 개시, 월 150만 원 지급): 월 15만 원
  총 보험료: 월 29.7만 원

■ 추가 고려 사항

  자영업자는 일정한 급여가 보장되지 않기 때문에 경제적 공백이 생기면 타격이 크다. 따라서 소득 보장 보험을 최우선적으로 가입하는 것이 필요하다. 또한 사업장에서 발생할 수 있는 화재나 고객과의 분쟁에 대비하기 위해 매장 화재보험과 배상책임보험을 반드시 준비해야 한다.

전업주부를 위한 맞춤형 보험 설계

전업주부는 직접적인 소득이 없지만 가정 내 중요한 역할을 하므로 가족의 경제적 안정을 위해 필요한 보험이 있다.

■ **주요 필요 보장**

- 실손의료보험(병원비 대비)
- 암/여성 질병 특화 보험
- 배우자의 사망 대비 보험(유족보장용 종신보험)

■ **실제 사례 - 정OO(42세, 전업주부, 남편 연봉 8,000만 원)**

- 실손의료보험: 월 2.8만 원
- 여성 특화 암보험(진단비 7,000만 원): 월 5만 원
- 남편 종신보험(사망 시 유족 보장 3억 원): 월 12만 원

총 보험료: 월 19.8만 원

■ **추가 고려 사항**

전업주부의 경우 직접적인 수입이 없더라도 가정 경제의 중요한 한 축을 담당하기 때문에 보험 설계가 필요하다. 특히 남편이 주 소득자인 경우, 배우자가 갑자기 사망하면 가정의 경제적 안정이 흔들릴 수 있으므로 이에 대비해 종신보험을 가입하는 것이 좋다. 또한, 여성에게 흔히 발생할 수 있는 유방암이나 자궁경부암과 같은 질병을 대비하기 위해 여성 특화 암보험을 추가로 준비하는 것이 바람직하다.

[배우자 종신보험 필요 보험금 계산]

배우자 연봉	월 생활비 필요 예상액	추천 종신보험 가입금액
5,000만 원	250만 원	2~3억 원
8,000만 원	350만 원	3~4억 원
1억 원 이상	500만 원 이상	5억 원 이상

고소득 전문직(의사, 변호사 등) 맞춤형 보험 설계

고소득 전문직은 일반 직장인과 달리 자산 보호, 절세, 상속 등의 이슈가 있어 종합적인 설계가 필요하다.

[일반 상속 vs 종신보험 상속 비교]

비교 항목	일반 상속	종신보험 상속
세금 부담	O (상속세 부과)	X (비과세)
재산 유동성	낮음 (부동산 등)	높음 (현금 지급)
상속 분쟁 가능성	있음	없음

■ 주요 필요 보장

- 고액 종신보험(상속세 대비)
- 소득 보장 보험(근로 불가 대비)
- 퇴직 연금 및 개인연금
- 배상책임보험(전문직 법적 리스크 대비)

■ **실제 사례 - 김OO(50세, 성형외과 의사, 연소득 4억 원)**

- 실손의료보험: 월 3.5만 원
- 암·뇌·심혈관질환 보험(각 2억 원 보장): 월 18만 원
- 종신보험(상속 대비, 보험금 10억 원): 월 30만 원
- 전문직 배상책임보험: 월 5만 원

총 보험료: 월 56.5만 원

■ **추가 고려 사항**

고소득 전문직 종사자는 상속세 부담을 줄이기 위해 종신보험을 활용한 상속 설계를 고려해야 한다. 또한 변호사나 의사와 같은 직업은 법적 리스크가 크기 때문에 배상책임보험을 반드시 가입해 혹시 모를 법적 분쟁에 대비하는 것이 필요하다.

은퇴자를 위한 맞춤형 보험 설계

은퇴자는 소득이 없는 상태에서 의료비 부담과 생활비 유지가 가장 중요한 요소다.

■ **주요 필요 보장**

- 노후 실손의료보험 유지
- 연금보험(생활비 확보)
- 간병보험(요양비 대비)

■ **실제 사례 - 박OO(70세, 은퇴 후 연금 생활, 월 소득 300만 원)**

- 실손의료보험: 월 4만 원
- 간병보험(장기요양비 월 200만 원 지급형): 월 7만 원
- 상속 대비 종신보험(보험금 5억 원, 상속세 절감 목적): 월 20만 원

총 보험료: 월 31만 원

■ **추가 고려 사항**

은퇴 후에는 소득이 줄어들기 때문에 건강 상태에 따라 유병자 보험을 적극 활용하는 것이 중요하다. 또한 연금보험을 가입할 때는 정기형과 종신형 중 자신의 경제 상황과 필요에 맞는 방식을 선택해 수령 방식을 조정하는 것이 바람직하다.

[정기형 vs 종신형 연금보험 비교]

연금 수령 방식	장점	단점
정기형 연금	높은 월 지급액	수명 초과 시 지급 종료
종신형 연금	평생 지급	월 지급액 낮음

보험은 단순히 나이에 따라 가입하는 것이 아니라 개인의 직업과 생활 패턴을 고려해 최적화하는 것이 중요하다.

직장인은 단체보험이 있어도 소득 보장 보험이 필수고 자영업자는 경제적 공백을 대비해 소득 보장 보험과 사업자보험이 중요하다. 전업주부는 가족의 경제적 안정을 고려한 설계가 필요하고, 고소득 전문직은 상속세 절감을 위한 종신보험을 활용해야 한다. 은퇴자는

의료비 대비와 연금보험을 최대한 활용하는 것이 핵심이다.

 상황에 맞춰 보험을 설계하고 꾸준히 점검하는 것이 가장 효과적인 관리 방법이다.

8-3. 결혼, 출산, 은퇴 등 생애 주기별 맞춤형 보험 설계 가이드

사람의 삶은 다양한 생애 단계를 거치면서 필요한 보험의 종류와 보장 내용이 달라진다. 독신 생활, 결혼, 출산, 자녀 교육, 은퇴 준비, 노후 생활 등 각 시기에 맞는 보험 설계가 중요하다.

[직장인 보험료 구성 예시]

생애 단계	주요 리스크	필수 보험	추가 고려사항
독신(싱글)	질병, 소득 중단	실손의료보험, 3대 질병보험, 소득 보장보험	연금보험 조기 가입 고려
결혼	배우자 경제 보호	부부 실손보험, 암보험, 종신보험	맞벌이 vs 외벌이에 따라 다르게 설계
출산·양육	자녀 의료·교육비	태아보험, 자녀 실손보험, 종신보험	태아보험은 출산 전 가입이 유리
자녀 교육	학자금 부담 증가	교육보험, 부모 3대 질병보험	부모 건강보험 유지 필수
은퇴 준비	소득 감소, 의료비 증가	연금보험, 노후 실손보험, 치매보험	연금 수령 방식 (정기형 vs 종신형) 선택
노후 생활	의료비 부담, 상속 문제	실손보험, 간병보험, 종신보험	상속세 절감 대비 필요

독신(싱글) 생활을 위한 보험 설계

독신 생활은 경제적 자율성이 크지만 아플 경우 치료비 부담을 스스로 감당해야 한다. 의료비 대비와 장기 저축이 핵심이다.

■ 주요 필요 보장

- 실손의료보험 (병원비 대비)
- 3대 질병(암, 뇌, 심장) 보험 (미리 가입하면 저렴)
- 소득 보장 보험 (근로 불가 시 대비)
- 연금보험 (노후 대비 시작)

[독신자를 위한 보험 필수 체크리스트]

병원비 대비	질병 리스크 대비	소득 보호	노후 대비
→ 실손의료보험	→ 3대 질병보험 (암, 뇌, 심장)	→ 소득 보장 보험	→ 연금보험

■ 실제 사례 - 김OO(29세, 직장인, 독신, 연봉 4,200만 원)

- 실손의료보험: 월 1.8만 원
- 간암보험 (진단비 5,000만 원): 월 4만 원
- 소득 보장 보험 (근로 불가 시 월 200만 원 지급): 월 3만 원

총 보험료: 월 15.8만 원

■ **추가 고려 사항**

　　암보험이나 뇌·심혈관 보험은 젊을 때 가입하는 게 유리하다. 경제적 부담이 크지 않다면 연금보험도 미리 준비하는 것이 좋다.

결혼 후 맞춤형 보험 설계

결혼 후에는 부부가 함께 재정 계획을 세우고 배우자의 경제적 안정성을 고려해야 한다.

■ **주요 필요 보장**

　　- 부부 실손의료보험 (각각 가입)
　　- 암, 뇌, 심혈관 보험 (배우자 포함)
　　- 사망 보장 종신보험 (배우자 유족 연금 대체 가능)
　　- 배우자 연금보험 (노후 생활 준비)

■ **실제 사례 - 박OO(36세, 결혼 1년 차, 연봉 6,000만 원), 배우자(32세, 연봉 4,800만 원)**

　　- 부부 실손의료보험: 월 4만 원
　　- 암보험 (각각 7,000만 원 보장): 월 9만 원
　　- 종신보험 (사망 시 배우자 보장 2억 원): 월 12만 원
　　- 배우자 연금보험 (55세 개시, 월 80만 원 지급): 월 10만 원
　　　총 보험료: 월 35만 원

■ **추가 고려 사항**

맞벌이 부부라면 각자 소득을 보호할 수 있도록 설계하는 것이 중요하고 전업주부라면 배우자가 사망했을 때 경제적 타격이 크기 때문에 사망 보장을 충분히 준비해야 한다.

[맞벌이 vs 외벌이 보험 설계 비교]

구분	맞벌이 부부	외벌이 부부
필수 보험	부부 실손보험, 소득 보장보험	종신보험(배우자 보장 확대), 실손보험
추가 고려	배우자 연금보험	전업주부의 보험도 별도로 고려
보험료 부담	각자 부담 가능 (경제적 여유)	한 명이 부담 (가계 조정 필요)

출산 및 자녀 양육기 맞춤형 보험 설계

출산 후에는 자녀의 건강과 교육을 위한 보장이 필요하고 가계 경제를 보호할 수 있는 보험이 중요하다.

■ **주요 필요 보장**

- 태아보험 (출산 전후 의료비 및 선천적 질병 보장)
- 자녀 실손의료보험 및 어린이보험
- 부모 사망 대비 종신보험 (자녀 교육비 대비)
- 자녀 교육보험 (대학 등록금 대비)

[출산·양육기 보험 가입 로드맵]

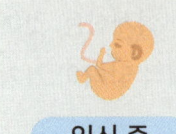
임신 중
→ 태아보험 가입
(선천적 질병 대비)

출생 후
→ 실손의료보험,
어린이보험 가입

유아~초등기
→ 교육보험
준비 시작

중·고등기
→ 대학 학자금
대비 보험 강화

■ 실제 사례 - 이OO(39세, 자녀 2명, 연봉 7,000만 원), 배우자(36세, 전업주부)

- 태아보험 (자녀 출생 후 어린이보험 전환): 월 4.5만 원
- 자녀 실손의료보험 (병원비 대비): 월 1.8만 원
- 종신보험 (배우자 및 자녀 유족 보장 3억 원): 월 15만 원
- 교육보험 (자녀 대학 등록금 마련): 월 6만 원

총 보험료: 월 27.3만 원

■ 추가 고려 사항

출산 전에 태아보험을 가입하면 출생 후 보험료 부담이 줄어든다. 자녀 실손의료보험은 독립할 때까지 유지하는 것이 유리하다.

자녀 교육기 맞춤형 보험 설계

자녀의 교육비가 본격적으로 필요한 시기이며 부모의 건강을 유지하는 것도 중요하다.

■ 주요 필요 보장

   - 자녀 학자금 대비 교육보험
   - 부모 3대 질병(암, 뇌, 심장) 보험 유지
   - 부모 실손의료보험 유지 및 갱신 검토

■ 실제 사례 - 정OO(45세, 자녀 2명, 연봉 8,500만 원)

   - 교육보험 (자녀 대학 학자금 5,000만 원 보장): 월 7만 원
   - 부모 암보험 (각 1억 원 보장): 월 12만 원
   - 실손의료보험 갱신형 유지: 월 3만 원
   총 보험료: 월 22만 원

■ 추가 고려 사항

   자녀 학자금 대비 보험은 대학 등록금 예상 비용을 기준으로 설정해야 하고 부모의 건강 보장이 중요하기 때문에 3대 질병 대비 보험을 유지하는 것이 필요하다.

은퇴 준비기 맞춤형 보험 설계

은퇴를 앞두고 있는 시기에는 연금 수령을 최적화하고 의료비 대비를 철저히 해야 한다.

■ 주요 필요 보장

　　- 연금보험 (월 지급형으로 설정)
　　- 노후 실손의료보험 (고령자 특화 보험 고려)
　　- 치매 및 간병보험 (요양비 대비)

■ 실제 사례 - 김OO(58세, 5년 내 은퇴 예정, 연봉 9,000만 원)

　　- 연금보험 (60세 개시, 월 200만 원 지급): 월 25만 원
　　- 치매보험 (중증 치매 시 간병비 월 200만 원 지급): 월 8만 원
　　- 실손의료보험 유지: 월 4만 원
　　총 보험료: 월 37만 원

■ 추가 고려 사항

　　퇴직금 외에도 연금보험을 충분히 준비하는 것이 중요하고 치매 및 간병 대비 보험을 미리 가입하면 보험료를 절감할 수 있다.

[연금 수령 방식 비교]

연금 방식	장점	단점	추천 대상
정기형 (10년 지급 등)	초반에 많은 금액 수령	지급 기간 종료 후 소득 없음	자녀 지원 필요한 은퇴자
종신형 (평생 지급)	사망할 때까지 보장	초반 수령액이 적음	장수 리스크 대비가 필요한 경우
혼합형 (정기+종신)	초반과 노후 균형 조절 가능	관리가 복잡할 수 있음	자산이 충분한 경우

노후 생활 맞춤형 보험 설계

30대는 결혼, 출산, 자녀 양육 등으로 경제적 책임이 커지는 시기다. 본인의 건강뿐만 아니라 배우자와 자녀를 위한 보장도 고려해야 한다.

■ **주요 필요 보장**

- 실손의료보험 유지 및 노후 최적화
- 간병보험 및 치매보험
- 상속 대비 종신보험

■ **실제 사례 - 이OO(72세, 연금 생활, 월 소득 250만 원)**

- 실손의료보험 유지: 월 5만 원
- 간병보험 (장기 요양비 월 150만 원 지급): 월 7만 원
- 종신보험 (상속세 대비, 보험금 3억 원): 월 20만 원
  총 보험료: 월 32만 원

■ **추가 고려 사항**

건강 관리와 의료비 대비가 가장 중요하고 자녀에게 상속할 자산이 있다면 상속세 절감을 위해 종신보험을 활용하는 것이 유리하다.

[상속세 절감 TIP]

✓ 사망보험금은 상속세 절감 효과가 있음
✓ 종신보험을 활용하면 자녀에게 세금 부담 없이 자산을 물려줄 수 있음
✓ 부동산 중심의 자산은 세금이 높기 때문에 일부를 보험으로 분산하면 유리

각 생애 단계별로 소득과 가족 구성원의 변화에 따라 보험을 지속적으로 점검하고 관리하는 것이 중요하다.

8-4. 고객 맞춤형 보험 설계 성공 사례 3가지

보험 설계는 고객의 상황과 필요에 맞춘 맞춤형 접근이 중요하다. 단순히 보험 상품을 판매하는 것이 아니라 고객의 재정 상태, 가족 구성, 건강 상태, 직업 등을 고려해 최적화하는 것이 핵심이다.

다음은 다양한 유형의 고객에게 맞춤형 보험 설계를 진행하여 성공한 사례 3가지다.

성공 사례 1. 30대 맞벌이 부부의 종합 보험 리모델링

■ 고객 상황

- 박OO(남, 35세, 대기업 근무, 연봉 7,500만 원)
- 김OO(여, 33세, IT업체 근무, 연봉 6,000만 원)
- 결혼 3년 차, 자녀 없음
- 기존 보험:
  남편과 아내 모두 20대 때 가입한 단순 실손보험 + 일부 암보험

■ 문제점 및 고객 니즈

- 기존 보험의 보장 범위가 충분하지 않음
- 결혼 후 가족을 위한 보장 설계 필요
- 자녀 계획 중이라 태아보험도 고려해야 함

■ 맞춤형 설계 전략

보험 항목	남편	아내
실손의료보험	유지 (3.2만 원)	유지 (2.8만 원)
암보험	1억 원 보장 (6.5만 원)	여성암 7천만 원 보장 (5.2만 원)
뇌·심혈관 보험	5천만 원 보장 (4.8만 원)	-
소득 보장 보험	근로 불가 시 월 300만 원 지급 (5.5만 원)	-
연금보험	55세 개시, 월 150만 원 지급 (15만 원)	60세 개시, 월 100만 원 지급 (12만 원)
태아보험	-	출산 계획 대비 (4.5만 원)
총 보험료	35만 원	24.5만 원

■ 설계 후 효과

- 불필요한 보험을 정리하고 필수 보장을 강화
- 남편의 고소득을 고려한 소득 보호 및 노후 대비 연금 확대
- 아내의 출산 계획을 고려한 태아보험 및 여성 암보험 추가
- 기존 보험 대비 보장은 2배 이상 늘고, 보험료는 적정 수준으로 유지

성공 사례 2. 40대 자영업자의 건강 및 소득 보호 설계

■ 고객 상황

- 이OO(44세, 식당 운영, 연매출 2억 원)
- 맞벌이 부부, 배우자는 직장인(연봉 4,500만 원)
- 기존 보험:
  10년 전 가입한 암보험(보장 3,000만 원) 하나뿐

■ 문제점 및 고객 니즈

- 자영업자는 사고·건강 문제로 소득 중단 위험 큼
- 기존 암보험이 보장금액이 낮아 추가 보장 필요
- 식당 운영 중 발생할 수 있는 배상책임 위험도 고려해야 함

■ **맞춤형 설계 전략**

보험 항목	보장 내용	월 보험료
실손의료보험	병원비 보장	3.5만 원
암보험	1억 원 보장 + 수술비 특약	6.8만 원
소득 보장 보험	근로 불가 시 월 400만 원 지급	7만 원
사업자 배상책임보험	식당 화재 및 고객 배상 포함	5.5만 원
연금보험	55세 개시, 월 200만 원 지급	20만 원
총 보험료	42.8만 원	

■ **설계 후 효과**

- 사업 운영 중 사고·질병으로 인한 소득 손실 방지
- 고객 배상책임까지 대비하여 업무 리스크 최소화
- 10년 뒤 은퇴를 고려한 연금 확대

성공 사례 3. 60대 은퇴자의 의료비 및 상속 설계

■ **고객 상황**

- 김OO(63세, 은퇴 후 연금 생활, 월 소득 250만 원)
- 배우자와 함께 노후 생활 중, 자녀 2명 있음
- 기존 보험:
  20년 전 가입한 종신보험(사망 보장 5,000만 원)

■ 문제점 및 고객 니즈

- 기존 종신보험의 보장금액이 너무 낮음 (상속세 대비 부족)
- 노후 의료비 부담이 커질 것으로 예상
- 배우자의 생활비 보호 필요

■ 맞춤형 설계 전략

보험 항목	보장 내용	월 보험료
실손의료보험	유지 및 갱신형 보장 조정	4만 원
간병보험	중증 치매 시 월 200만 원 지급	7.2만 원
종신보험 추가	사망 보장 3억 원 (상속세 대비)	25만 원
배우자 연금보험	사망 후 배우자 월 100만 원 지급	10만 원
총 보험료	46.2만 원	

■ 설계 후 효과

- 노후 의료비 대비 완벽 (실손 + 간병보험)
- 배우자 유족 연금 보장 (사망 후 생활비 지급)
- 상속세 절감 효과 (보험금 3억 원으로 세금 납부 가능)

맞벌이 부부는 소득을 보호하면서 출산과 노후를 대비하는 것이 중요하다. 자영업자는 소득 보장을 최우선으로 하고, 배상책임과 건강보험을 강화해야 한다. 은퇴자는 노후 의료비 부담을 줄이고, 상속세 절감을 고려하며, 배우자의 생활 안정도 신경 써야 한다. 각자의 재정 상황, 직업, 건강 상태, 가족 구성에 맞춰 최적의 보험을 설계하고, 보장을 주기적으로 점검하는 것이 필요하다.

Part 3.

보험료 절약의 모든 것

9장.
보험료 절약의 기본원칙

9-1. 보험료 절약을 위한 필수 체크리스트

- ☑ 가입한 보험 중 중복된 보장이 있는지 확인했는가?
- ☑ 보험료 변동 없이 유지되는 비갱신형 보험을 고려했는가?
- ☑ 보험료 할인 특약을 최대한 활용하고 있는가?
- ☑ 중증 질병 발생 시 보험료 납부가 면제되는 조건이 포함되어 있는가?
- ☑ 보장기간을 최대한 길게 설정하여 장기적인 혜택을 확보했는가?

9-2. 보험료 줄이기 위해 꼭 알아야 할 5가지 팁

1. 중복 보장 제거하기

중복 가입으로 보험금이 추가로 지급되지 않을 수 있음

보험료 절약의 첫걸음은 중복 보장을 제거하는 것이다. 많은 사람들이 같은 보장을 여러 보험에서 가입해 불필요한 보험료를 납부한다. 예를 들어 암 진단비나 입원비 보장이 여러 보험에 중복되어 있다면 보험금은 중복으로 지급되지 않기 때문에 불필요한 지출이 된다. 따라서 가입한 보험증권을 꼼꼼히 점검해 같은 보장은 하나만 남기고 나머지는 해지하거나 특약을 축소하는 것이 좋다. 이 과정에서 보장이 부족한 부분이 있다면 추가로 보완해 전체적인 보장 효율성을 높여야 한다.

2. 비갱신형 보험 가입하기

비갱신형 보험은 처음 가입 시 보험료가 다소 높아 보이지만, 장기적으로는 갱신형보다 훨씬 경제적이다. 갱신형 보험은 나이가 들수록 보험료가 급격히 오를 수 있고 건강상 문제가 생기면 갱신 시 보험료 부담이 더 커진다. 반면 비갱신형은 처음에 정해진 보험료가 끝까지 동일해 노후에도 부담 없이 유지할 수 있다. 특히 장기적으로 유지할 보장성 보험은 비갱신형으로 가입하는 것이 합리적인 절약 방법이다.

갱신형 보험
갱신형 연령대가 증가
할수록 보험료 급격히 상승보험

비갱신형 보험
일정한 보험료 유지

3. 보험료 할인 특약 활용하기

건강검진 결과를 제출하면 보험료가 낮아질 수 있음

보험사마다 다양한 보험료 할인 특약이 있다. 예를 들어, 건강관리 앱과 연계해 일정 걸음 수를 달성하거나 건강검진 결과를 제출하면 '건강체 할인'을 받을 수 있다. 또한 가족이 같은 보험사에 가입하면 가족 할인을 제공받는 경우도 많다. 이런 특약은 별도의 비용 없이 보험료를 절약할 수 있는 좋은 방법이므로 적극적으로 활용하는 것이 좋다.

4. 납입면제 조건 포함하기

특정 질병이 발생했을 때 이후 보험료 납부 없이 보장을 받을 수 있음

납입면제 특약은 암이나 뇌출혈, 급성심근경색 같은 중증 질환에 걸렸을 때 이후 보험료를 내지 않고도 보장을 계속 받을 수 있는 제도다. 초기에는 보험료가 조금 더 비쌀 수 있지만 예상치 못한 질병이 발생했을 때 큰 경제적 부담을 덜어준다. 특히 장기 보장 보험일수록 납입면제 특약의 효과는 더욱 크다.

5. 보장기간을 최대한 길게 설정하기

20년 보장
40세 이후 재가입 필요
→ 보험료 상승

100세 만기 보장
초기 보험료 유지
→ 추가 가입 부담 없음

보장기간을 길게 설정하는 것은 보험료 절약의 핵심 전략이다. 보장이 짧은 보험은 처음에는 저렴해 보이지만 보장기간이 끝나면 다시 가입해야 하고, 그때는 나이와 건강 상태에 따라 보험료가 크게 오를 수 있다. 반면 처음부터 보장기간을 길게 설정하면 중간에 보험을 갱신하거나 새로 가입할 필요 없이 오랫동안 동일한 보장을 받을 수 있다. 또한 보장기간이 길면 납입면제 특약의 혜택을 받을 확률도 높아져 예상치 못한 상황에서도 보험료 부담 없이 충분한 보장을 받을 수 있다.

 보험료 절약은 전략이다. 보험료 절약은 단순히 보험을 해지하거나 줄이는 것이 아니라 필요한 보장은 확보하면서 불필요한 비용은 줄이는 전략이다. 중복 보장을 점검하고, 비갱신형 보험과 다양한 할인 특약을 활용하며, 보장기간과 납입면제 조건까지 꼼꼼히 따진다면 장기적으로 큰 비용을 절약할 수 있다. 보험은 잘 이해하고 똑똑하게 준비할수록 더 큰 경제적 이점을 가져다준다.

9-3. 비갱신 vs 갱신형 보험의 차이와 선택기준

비갱신형 vs. 갱신형 보험: 특징과 선택 기준

비갱신형 보험은 가입할 때 정해진 보험료가 만기까지 변하지 않는 상품이다. 초기에 갱신형보다 20~30% 정도 보험료가 높게 책정되지만 물가상승이나 위험률 증가와 상관없이 고정된 보험료를 유지할 수 있어 장기적으로 경제적이다. 특히 암보험이나 실손의료보험처럼 나이가 들수록 위험률이 높아지는 상품은 비갱신형으로 가입할 때 고령에도 보험료 부담 없이 보장을 이어갈 수 있다는 점이 큰 장점이다.

[비갱신형 보험의 장점]

갱신형 보험은 일정 주기(3년, 5년 등)마다 보험료가 갱신되는 상품이다. 처음에는 비갱신형보다 저렴하지만 갱신 시마다 나이와 위험률 상승이 반영돼 보험료가 크게 인상된다. 예를 들어 30세에 가입한 갱신형 암보험은 60세가 되면 초기 보험료보다 3~4배까지 오를 수 있다. 특히 소득이 줄어드는 노년기에 높은 보험료 부담으로 인해 해지하는 경우가 많다.

[갱신형 보험 단점]

보험료 인상 　 노년기 부담 증가 　 해지 위험

갱신형 상품과 비갱신형 상품 선택 가이드라인

1. 경제적 여건

현재 소득과 지출을 분석해 장기적으로 부담할 수 있는 보험료를 선택하는 것이 중요하다. 여유 자금이 있다면 비갱신형이 유리하며 당장 보험료 부담이 크다면 갱신형을 고려할 수 있다.

2. 가입 연령

비갱신형 보험은 젊을수록 보험료가 저렴하다. 40대 이후에는 비갱신형과 갱신형의 보험료 차이가 크게 벌어지므로 가입 시 신중해야 한다.

3. 보장 기간

장기적인 보장이 필요한 보험은 비갱신형이 유리하며 단기 목적의 보험은 갱신형으로 가입하는 것이 합리적이다.

4. 가입 종류

암보험이나 간병비등 향후 위험률이 크게 상승하는 보험은 가급적 비갱신형으로 가입하는 것이 좋다.

9-4. 월 보험료 10만 원 절약하기: 사례로 배우는 절약 비법

실제로 한 고객이 기존에 가입한 보험을 점검한 결과 월 10만 원의 보험료를 절약한 사례가 있다. 이 고객은 여러 해 동안 암보험과 실손보험을 중복 가입한 상태였고 갱신형 보험으로 인해 매년 보험료가 계속 상승 중이었다. 매달 빠져나가는 보험료가 부담스러워지자 우리 동네닥터 보험전문가와 함께 보험증권을 꼼꼼히 분석하기로 했다.

중복 보장 해지로 불필요한 비용 제거

먼저 고객이 가입한 보험 중 2대 진단비와 배상책임보험, 운전자보험 등 중복가입되어 있는 특약에서 동일한 보장이 중복되어 있는 부분을 발견했다. 2대진단비는 적정 가입금액을 초과한 상태였고 배상책임보험, 운전자보험 등은 실손보상으로 중복 지급되지 않기 때문에 같은 보장을 여러 개 유지하는 것은 불필요한 비용 낭비였다. 이에 따라 암보험 중 하나를 해지해 중복 보장으로 인한 불필요한 지출을 없앴다.

[중복 보장 정리]

보장 항목	Before (기존)	After (조정 후)
암보험	2개 가입 (중복)	1개 해지 (필요한 보장만 유지)
2대 진단비	과잉 가입 (초과 보장)	적정 수준으로 조정
배상책임보험	중복 가입 (실손 보장 가능)	불필요한 보험 해지
운전자보험	중복 가입 (실손 보장 가능)	불필요한 보험 해지
월 보험료 총합	30만 원	20만 원 (10만 원 절약!)

갱신형에서 비갱신형으로 전환해 보험료 안정화

 다음으로 고객이 가입한 갱신형 보험은 가입 당시에는 저렴했지만 나이가 들면서 보험료가 점점 상승해 큰 부담이 되고 있었다. 전문가와 상담 후 고객은 장기적으로 보험료가 변동 없이 고정되는 비갱신형 보험으로 전환했다. 초기에는 보험료가 약간 높게 느껴졌지만 향후 나이와 건강 상태에 따른 보험료 인상 위험을 차단해 장기적인 절약 효과를 볼 수 있게 되었다.

[최종 보험료 절약 효과]

항목	Before (기존)	After (조정 후)
월 보험료	30만 원	20만 원 (월 10만 원 절약!)
장기 절약 효과	30만 원 × 12개월 × 10년 = 3,600만 원입 (초과 보장)	20만 원 × 12개월 × 10년 = 2,400만 원 **1,200만 원 절약!**

건강체 할인 특약으로 추가 절감

 마지막으로 고객은 건강관리 앱을 연동해 건강검진 결과를 제출하면 건강상태에 따라서 보험료를 할인받을 수 있는 상품으로 가입했다. 이 상품은 건강한 보험소비자일수록 보험료를 절약할 수 있어 매우 실속 있는 절약 방법이었다.

 이렇게 중복 보장을 정리하고 갱신형 보험을 비갱신형으로 전환하며 건강체 할인 혜택까지 추가한 결과 고객은 월 10만 원 이상의 보험료를 절약할 수 있었다. 중요한 것은 보장 범위는 전혀 줄이지 않고 불필요한 비용만 제거했다는 점이다.

이 사례를 통해 보험료 절약이 단순히 보험을 줄이는 것이 아니라 꼭 필요한 보장은 남기고 불필요한 비용만 제거하는 전략적 과정임을 보여준다. 자신의 상황에 맞는 보장 설계와 꼼꼼한 점검은 보험료 절약의 첫걸음이다. 정기적으로 보험증권을 점검하고 전문가의 조언을 구한다면 누구나 효율적인 보험 설계를 통해 경제적인 부담을 크게 줄일 수 있다.

10장.
보험 리모델링으로 절약하는 법

10-1. 보험 리모델링 필요성

보험 리모델링은 개인의 변화하는 환경과 필요에 맞춰 기존 보험을 점검하고 조정하는 과정이다. 의료 기술의 발전과 보험 시장의 변화로 인해 보장 내용이 달라지고 새로운 보험 상품이 등장하면서 기존 보험이 충분한 역할을 하지 못하는 경우가 많다. 따라서 보험을 단순히 가입하는 것이 아니라 주기적으로 점검하고 최적화하는 것이 필수적이다.

[보험 리모델링 전후 비교]

Before (리모델링 전)	After (리모델링 후)
보장 부족 (최신 치료 미포함)	최신 치료 보장 포함
중복 가입으로 불필요한 보험료 발생	불필요한 보장 정리
가입 당시 기준으로 설계됨	최신 보장 기준으로 최적화

생활 환경 변화 반영

인생의 주요 변화는 보험 리모델링의 중요한 계기가 된다. 결혼 출산 자녀의 성장 직장 변경 등 삶의 중요한 이벤트가 발생할 때마다 보장 내용을 조정해야 한다. 예를 들어 자녀가 태어나면 태아보험과 어린이보험을 고려해야 하며 자녀가 성장하면 실손보험과 암보험 등으로 전환을 고민할 필요가 있다. 또한 경제적 상황이 변하면서 보장 범위를 줄이거나 늘리는 등의 조정이 필요할 수도 있다.

[생애 주기별 보험 점검 필요성]

보장 최적화

보험 상품은 가입 당시에는 적절해 보일 수 있지만 시간이 지나면서 보장의 필요성이 달라질 수 있다. 과거에는 필요하지 않았던 보장이 현재는 필수적일 수 있으며 불필요하거나 중복된 보장은 줄이고 부족한 보장을 추가로 설계하여 개인 맞춤형 보장을 받을 수 있다. 예를 들어 암과 같은 중대 질병에 대한 보장과 예방의 중요성이 강조되면서 기존 보험을 점검하고 최적화할 필요가 있다.

특히 최근에는 면역치료 표적항암치료 로봇수술 등 새로운 치료법이 등장하면서 기존의 보험으로는 충분한 보장을 받지 못하는 경우가 많다. 보험 리모델링을 통해 최신 의료 기술을 반영한 보장을 추가할 필요가 있다.

경제적 효율성

보험 리모델링은 경제적인 측면에서도 중요한 역할을 한다. 불필요한 보장을 제거하고 필요한 보장을 강화함으로써 보험료 부담을 줄일 수 있다. 보험 시장의 경쟁으로 인해 더 좋은 조건의 상품이 나올 수 있으며 이를 통해 보험료를 절감할 수도 있다. 예를 들어 10년 전에 가입한 보험보다 최근 출시된 보험이 동일한 보장을 제공하면서 보험료가 더 저렴할 수 있다. 따라서 보험 리모델링을 통해 보험료를 효율적으로 관리하는 것이 중요하다.

최신 보험 상품 반영

보험 상품도 지속적으로 변화하고 개선된다. 최신 보험 상품의 혜택과 특약을 고려하여 더 나은 조건의 상품으로 변경할 수 있다. 예를 들어 2017~18년도부터 협심증이나 비파열성대뇌동맥류 같은 새로운 질병들에 대한 보장이 시작되었으며 최근에는 특정 암의 치료를 위한 첨단 의료기술 보장이 포함된 상품들도 출시되고 있다. 따라서 최신 보험 상품을 반영하여 보장을 강화하는 것이 중요하다.

[최신 보험 vs 기존 보험 차이점]

보장 항목	기존 보험	최신 보험 (2020년 이후)
협심증 보장	미포함	보장 포함
한방 치료	보장 없음	최신 상품에 포함
면역치료	미포함	최신 치료 가능

보장 공백 방지

기존 보험에서 보장하지 않았던 내용들을 새로 나온 보험에서는 추가로 보장하는 경우가 많다. 예를 들어 과거에는 한방치료 면역치료 요양병원 입원 등이 보험금 지급 거절 사례가 많았으나 최근에는 일부 보험 상품에서 이를 보장하는 특약이 추가되고 있다. 또한 폐색전술이나 고주파 치료와 같은 최신 의료기술이 보험약관상 '수술'로 인정되는지 여부가 논란이 되면서 이를 명확하게 보장하는 상품들이 등장하고 있다.

보험 리모델링을 통해 보장의 공백을 방지하고 개인의 현재 상황과 미래 계획에 맞춘 보장 설계를 할 수 있다. 이를 통해 효율적인 재정 관리를 실현하고 예상치 못한 의료비 부담을 최소화할 수 있다.

10-2. 리모델링으로 보험료 줄이는 3단계 프로세스

보험을 가입한 이후 시간이 지나면서 개인의 생활 환경과 재정 상태는 변하게 마련이다. 하지만 많은 사람들이 기존에 가입한 보험을 그대로 유지하면서 불필요한 보험료를 지출하거나 필요한 보장이 부족한 상태로 방치하고 있다. 이러한 문제를 해결하기 위해 보험을 체계적으로 분석하고 최적화하는 과정이 필요하다. 이를 통해 불필요한 보험료를 절감하고 꼭 필요한 보장을 확보할 수 있다. 다음은 보험을 리모델링하여 보험료를 줄이는 3단계 프로세스이다.

1단계 현재 보험 분석

보험을 리모델링하기 위해서는 먼저 현재 가입한 보험을 정확히 분석하는 것이 필수적이다. 이를 위해 다음과 같은 절차를 거친다.

보험증권 정리: 현재 가입한 모든 보험증권을 한곳에 모아 정리한다. 이를 통해 가입 내역을 한눈에 파악할 수 있다.

보장 내역 확인: 각 보험의 보장 내용 보험료 만기일 등을 꼼꼼히 확인하여 현재 보장받고 있는 항목을 명확히 파악한다.

중복 보장 체크: 여러 보험에서 동일한 항목을 중복 보장하고 있는지 점검한다. 중복 보장은 불필요한 보험료 지출의 원인이 될 수 있다.

보장 공백 파악: 현재 생활에 필요하지만 보장되지 않는 항목이 있는지 점검하여 부족한 부분을 보완할 수 있도록 준비한다.

이 과정을 통해 현재의 보험 상태를 정확히 파악할 수 있으며 이후의 최적화 과정을 위한 기초 자료가 된다.

[보험 분석 체크리스트]

2단계 보험 설계 최적화

현재 가입한 보험의 분석이 끝났다면 이를 바탕으로 보험을 최적화하는 단계로 넘어간다. 보험을 최적화하는 과정은 다음과 같이 진행된다.

불필요한 보장 제거: 현재 생활 환경과 재정 상태에 맞지 않는 보장이나 중복된 보장을 정리하여 불필요한 보험료 지출을 줄인다.

필요한 보장 추가: 앞서 파악한 보장 공백을 메우기 위해 필요한 보장을 추가한다. 이를 통해 보험의 실효성을 높일 수 있다.

보장 금액 조정: 과도하게 높은 보장 금액을 조정하고 부족한 부분은 추가하여 균형 잡힌 보험 포트폴리오를 만든다.

특약 정리: 필요 없는 특약을 제거하고 꼭 필요한 특약만 남긴다. 특히 특정 질병이나 사고에 대비한 특약을 신중하게 선택해야 한다.

이러한 과정을 거치면 불필요한 보험료를 줄이면서도 개인에게 꼭 필요한 보장을 유지할 수 있다.

[불필요한 보장 vs 추가해야 할 보장]

불필요한 보장 (정리 대상)	추가해야 할 보장 (보강 필요)
중복된 실손보험	최신 실손보험 (자기부담금 낮음)
불필요한 특약	간병, 암, 치매 특약 추가
과도한 보장 금액	현실적인 보장 수준으로 조정

3단계 보험 상품 비교 및 변경

보험을 최적화한 후에는 다양한 보험 상품을 비교하여 더 나은 조건을 찾고 필요한 경우 보험을 변경하는 것이 중요하다. 이 과정은 다음과 같이 진행된다.

시장 조사: 현재 보험 시장에서 다양한 보험사의 유사한 상품들을 비교하여 최적의 보험을 찾는다.

보험료 비교: 동일한 보장 내용을 제공하는 상품 중 더 저렴한 보험료를 제시하는 상품이 있는지 확인한다.

보험사 변경 고려: 더 나은 조건을 제공하는 보험사가 있다면 기존 보험을 해지하고 새로운 보험으로 변경하는 것도 고려할 수 있다.

계약 변경 또는 신규 가입: 기존 보험 계약을 변경하거나 부족한 보장을 보완하기 위해 새로운 보험 상품에 가입한다.

이 과정을 통해 보험료를 절감하면서도 보장 내용이 더욱 탄탄한 보험 포트폴리오를 구축할 수 있다.

[보험료 비교 (리모델링 전후) 예시]

보험사	기존 보험료 (월)	리모델링 후 (월)	절감 효과 (%)
A사	30만 원	25만 원	17% 절감
B사	28만 원	22만 원	21% 절감

보험 리모델링은 단순히 보험료를 낮추는 것이 목적이 아니다. 중요한 것은 개인의 상황에 맞춰 최적화된 보장을 유지하면서도 불필요한 지출을 줄이는 것이다. 이를 위해 현재 보험을 철저히 분석하고, 필요한 보장을 추가하며, 보험 상품을 비교하여 변경하는 3단계 프로세스를 적용하면 보다 효율적인 보험 관리를 할 수 있다. 이를 통해 불필요한 비용을 줄이면서도 필요한 보장은 강화하여 더욱 안정적인 재무 설계를 할 수 있을 것이다.

11장.
중복보장의 함정에서 벗어나는법

11-1. 중복 보장의 정의와 문제점

현대 사회에서 보험은 개인과 가족의 재정적 안전을 보장하는 중요한 수단이지만, 많은 사람들이 불필요한 중복 보장에 빠져 있다. 중복 보장이란 동일한 위험에 대해 두 개 이상의 보험 상품으로 중복해서 가입한 상태를 말한다. 보험 상품의 복잡성과 다양성으로 인해 소비자들은 종종 자신이 어떤 보장을 받고 있는지 정확히 파악하지 못한다.

질병보험, 상해보험, 암보험 등을 각각 별도로 가입하면서 실제로는 비슷한 범위의 보장을 중복해서 받고 있을 수 있다. 이러한 중복 보장은 불필요한 보험료 지출로 이어지며, 보험 청구 과정에서 복잡한 문제가 발생 할 수 있다. 중복 보장의 문제점은 다음과 같다.

[보험 중복 가입의 문제점]

1. 불필요한 보험료 지출 증가
▶ 동일한 위험을 대비하는 여러 보험에 중복 가입할 경우 매월 납입하는 보험료의 총액이 급격히 증가

2. 보험금 청구 과정의 복잡화
▶ 여러 보험사와 계약을 맺은 경우, 사고 발생 시 어떤 보험에서 얼마나 보상받을 수 있는지 파악하기 어려워짐

3. 재정 계획에 부정적 영향
▶ 불필요한 보험료 지출로 인해 저축이나 투자에 사용할 수 있는 자금이 줄어들

4. 심리적 스트레스와 관리 복잡성
▶ 수많은 보험 증권을 관리하고 각각의 보장 내용을 파악하는 것은 번거롭고 어려운 작업

 보험의 근본적인 목적은 개인이나 가족이 직면할 수 있는 재정적 위험을 최소화하는 것이다. 하지만 단순히 보험에 가입하는 것만으로는 충분하지 않으며, 실제로 어떤 상황에서 보장이 필요한지 정확히 이해하고 대비해야 한다. 중복 보장의 필요성은 재정적 효율성과 밀접하게 연관되어 있다. 생명보험, 건강보험, 상해보험 등 다양한 보험 상품들 사이의 중복 보장 여부를 면밀히 검토해야 한다. 각 보험 상품의 세부 보장 내용과 조건을 비교하면, 불필요한 중복 영역을 발견하고 조정할 수 있다. 또한 개인의 생애주기와 상황 변화에 따라 보험 필요성도 달라진다. 결혼, 출산, 경력 변화 등 중요한 인생의 전환점마다 기존 보험 포트폴리오를 재평가해야 한다.

따라서 보험 가입 시에는 기존에 가입한 보험 상품을 면밀히 검토하고, 실제 필요한 보장 범위를 정확히 파악하는 것이 중요하다. 자신의 생활 환경, 건강 상태, 재정 상황을 종합적으로 고려하여 최적의 보험 포트폴리오를 구성해야 한다. 불필요한 중복을 피하고 효율적인 보험 설계를 통해 재정적 안정성을 확보하는 것이 현명하다.

중복 보장 확인 방법

보험을 효과적으로 관리하기 위해서는 현재 자신의 보험 상품에 대해 정확히 파악하는 것이 무엇보다 중요하다. 중복 보장 여부를 확인하는 과정은 단순히 서류를 확인하는 것을 넘어 재정적 안정성을 확보하는 핵심 전략이다. 첫째, 보험 증권을 철저히 검토해야 한다.

[보험 증권 분석 비교]

항목	보험 A	보험 B	중복 여부
보장 범위	입원비 보장	입원비 보장	중복
보장 금액	5천만원	3천만원	부분 중복
면책 조건	90일 대기기간	90일 대기기간	동일

각각의 보험 증권을 세밀하게 살펴보면서 보장 내용, 보험 금액, 보장 범위를 꼼꼼히 비교해야 한다. 이 과정에서 유사한 보장 내용이 있는지, 중복되는 부분은 없는지 집중적으로 확인해야 한다. 보험 증권에 기재된 세부 내용을 한 눈에 비교할 수 있는 표를 작성하는 것도 좋은 방법이다.

둘째, 보험사와의 직접적인 상담을 통해 중복 보장 여부를 확인할 수 있다. 각 보험사의 고객 상담팀에 연락하여 현재 가입한 보험 상품의 세부 보장 내용을 문의하고, 혹시 중복될 수 있는 부분이 있는지 전문가와 상담해볼 수 있다. 보험사 상담원들은 고객의 보험 포트폴리오를 종합적으로 검토하여 중복 보장 여부를 정확히 알려줄 수 있다.

셋째, 체계적인 체크리스트를 활용하는 것도 중요하다. 보험의 종류, 보장 범위, 보험 금액, 보험료 등 주요 항목을 체크리스트로 만들어 일목요연하게 정리해야 한다. 이러한 체크리스트는 중복 보장을 쉽게 발견할 수 있게 해주며, 향후 보험 관리에도 큰 도움이 된다.

넷째, 디지털 도구와 애플리케이션을 적극적으로 활용해야 한다. 요즘에는 보험 관리 애플리케이션들이 다양하게 개발되어 있어 스마트폰으로 쉽게 보험 내용을 확인하고 중복 여부를 점검할 수 있다. 이러한 디지털 도구들은 실시간으로 보험 정보를 분석하고 중복된 부분을 알려주는 기능을 제공한다.

마지막으로, 정기적인 보험 점검은 필수적이다. 1년에 최소 1~2회 정도는 자신의 보험 상품을 종합적으로 검토해야 한다. 생활 환경과 재정 상황은 계속 변화하기 때문에 보험도 그에 맞춰 조정되어야 한다. 정기적인 점검을 통해 불필요한 중복 보장을 미연에 방지할 수 있다.

이러한 종합적인 접근 방식을 통해 중복 보장을 효과적으로 확인하고 관리할 수 있다. 보험은 단순한 상품이 아니라 개인의 재정적 안전망이므로, 세심하고 체계적인 관리가 무엇보다 중요하다.

보험 증권 검토

보험 증권은 고객이 중복 보장 여부를 확인하는 데 있어 가장 기본적이고 중요한 문서이다. 대부분의 사람들은 보험 증권을 단순히 보관만 하고 실제로 내용을 꼼꼼히 살펴보지 않는 경향이 있다. 하지만 이 문서를 제대로 분석하면 현재 자신의 보험 상품들 사이에 존재하는 중복 보장 여부를 정확하게 파악할 수 있다. 보험 증권을 검토할 때는 먼저 보장 범위와 보험 금액을 세심하게 비교해야 한다. 동일한 위험에 대해 여러 보험 상품이 중복된 보장을 제공하고 있는지 확인해야 하며, 이를 통해 불필요한 중복 보험료를 절감할 수 있다. 예를 들어, 상해보험이나 건강보험의 경우 보장 내용과 범위가 서로 겹치는 경우가 많으므로 특히 주의깊게 살펴볼 필요가 있다.

구체적인 검토 방법은 다음과 같다. 먼저 각 보험 증권의 보장 항목을 면밀히 비교하고, 보장 금액과 보상 범위를 확인해야 한다. 특히 의료보험이나 상해보험의 경우 세부 조항을 꼼꼼히 읽어야 한다. 보장 내용이 유사하거나 거의 동일한 경우 중복 보장으로 판단할 수 있으며, 이는 불필요한 보험료 지출을 의미한다.

또한 보험 증권의 특약 부분도 주의깊게 살펴봐야 한다. 특약은 기본 보험 계약에 추가되는 부분으로, 때로는 다른 보험 상품과 중복될 수 있는 보장 내용을 포함하고 있다. 따라서 특약의 세부 내용을 꼼꼼히 확인하여 불필요한 중복을 방지해야 한다. 보험 증권 검토 시 주의해야 할 또 다른 중요한 포인트는 보험 계약 기간과 갱신 조건이다.

[보험 증권 검토 체크리스트]

- ✓ 동일한 보장이 여러 보험에서 중복 적용되는지 확인
- ✓ 보험금 지급 한도가 중복되지 않고 적절한지 점검
- ✓ 특약이 겹치거나 불필요한 추가 비용이 발생하지 않는지 확인
- ✓ 자동 갱신 여부, 보험료 변동 가능성, 갱신 거부 조건 검토
- ✓ 보험료 대비 혜택이 적절한지 분석하고 불필요한 납부 방지
- ✓ 보험 해지·변경 시 환급금 손실, 면책 기간, 불이익 여부 점검

 일부 보험 상품은 자동 갱신되거나 특정 조건에서 보장이 연장될 수 있으므로, 이러한 세부 사항을 정확히 파악해야 한다. 보험 계약 기간과 갱신 조건을 정확히 이해함으로써 불필요한 중복 보장을 사전에 예방할 수 있다.

 마지막으로, 보험 증권 검토는 단발성 작업이 아니라 주기적으로 이루어져야 한다. 개인의 생활 환경과 상황은 끊임없이 변화하기 때문에, 최소 연 1-2회 정도는 보험 증권을 종합적으로 점검하는 것이 중요하다. 이를 통해 불필요한 보장을 정리하고 실제로 필요한 보험 상품만을 유지할 수 있다.

11-2. 중복 보장 체크리스트

보험을 관리하는 과정에서 중복 보장을 체계적으로 확인하는 것은 매우 중요한 재무 관리 전략이다. 개인과 가족의 재정적 안정성을 위협할 수 있는 불필요한 중복 보장은 많은 사람들이 간과하는 부분이다. 따라서 철저하고 체계적인 접근이 필요하다.

체크리스트를 작성할 때는 먼저 현재 보유하고 있는 모든 보험 증권을 한자리에 모아야 한다. 각각의 보험 증권에 대해 세부적인 보장 내용을 꼼꼼히 분석해야 하며, 보장 범위와 보험금액을 비교해야 한다. 이 과정에서 중복되는 보장 항목을 정확히 파악할 수 있다.

체크리스트의 핵심 항목은 크게 네 가지로 구분할 수 있다. 첫째, 보장 유형의 중복성을 확인해야 한다. 예를 들어 상해보험, 질병보험, 암보험, 종신보험, 배상책임보험 등 동일한 위험을 중복해서 보장하고 있는지 살펴봐야 한다. 둘째, 보험금 지급 조건을 면밀히 검토해야 한다. 각 보험의 보장 조건이 얼마나 유사한지 비교해야 한다.

셋째, 보험료 측면에서의 효율성을 분석해야 한다. 동일한 보장을 제공하는 보험 중 어떤 상품이 더 경제적인지 비교해야 한다. 불필요하게 높은 보험료를 지불하고 있는 상품이 있는지 확인해야 한다. 넷째, 보장 기간과 갱신 조건을 점검해야 한다. 장기간 유지되는 보험 상품 중 실질적인 혜택이 줄어든 상품은 없는지 확인해야 한다.

실제 체크리스트 작성 시에는 각 보험 상품별로 세부 정보를 기록해야 한다. 보험사명, 가입일자, 보장 내용, 보험금액, 보험료 등을 systematic하게 정리해야 한다. 이러한 체계적인 접근은 중복 보장을 쉽게 식별할 수 있게 해준다.

또한 체크리스트는 정기적으로 업데이트해야 한다. 개인의 생활 환경과 재정 상황은 계속 변화하기 때문에, 최소 연 1-2회 정도는 보험 현황을 점검해야 한다. 이를 통해 불필요한 보험을 정리하고 더 효율적인 보장 체계를 만들 수 있다.

체크리스트 작성은 단순한 행정 작업이 아니라 재무 건강성을 진단하는 중요한 과정이다. 체계적이고 꼼꼼한 접근을 통해 불필요한 보험료 지출을 줄이고, 더 효율적인 보험 포트폴리오를 구성할 수 있다. 자신의 재정을 스스로 관리하는 능동적인 태도가 중요하다.

체크리스트 항목 정리

보험 중복 보장을 효과적으로 확인하기 위해서는 체계적인 접근이 필수적이다. 개인의 재무 상황과 위험 요소를 종합적으로 분석하여 보험 항목을 점검하는 것이 중요하다. 이를 위해 몇 가지 핵심적인 확인 항목을 중심으로 체크리스트를 구성해야 한다.

첫 번째로 고려해야 할 항목은 보장 범위의 중복성이다. 동일한 위험을 다루는 여러 보험 상품을 점검해야 한다. 예를 들어 상해보험, 질병보험, 종합보험 등에서 겹치는 보장 내용이 있는지 면밀히 살펴봐야 한다. 각 보험 상품의 세부 조항을 꼼꼼히 비교하여 불필요한 중복을 식별할 수 있다.

[보장 범위 비교]

보험 종류	주요 보장 항목	중복 여부	필요성 평가
상해보험	입원비, 수술비, 후유장해	중복	불필요
질병보험	암, 뇌출혈, 심장질환	없음	유지
종합보험	상해·질병 포함 종합 보장	중복	조정 필요

두 번째로 보험금 지급 조건을 비교해야 한다. 보험사마다 보험금 지급 기준과 조건이 다르므로, 이를 상세히 검토해야 한다. 특히 보장 범위, 면책 조항, 보험금 지급 한도 등을 집중적으로 확인 해야 한다. 이를 통해 실제 보장 내용의 중복 여부를 정확히 판단할 수 있다. 세 번째 중요한 항목은 보험료 대비 보장 수준이다. 동일한 위험에 대해 여러 보험에 가입되어 있다면, 각 보험의 보험료와 보장 범위를 상호 비교해야 한다. 불필요하게 높은 보험료를 지불하면서 중복된 보장을 받고 있는지 점검해야 한다. 이를 통해 재정적 효율성을 높일 수 있다.
 네 번째로 연령과 생애주기에 따른 보험 적합성을 평가해야 한다. 개인의 상황이 변화함에 따라 기존에 가입한 보험이 현재 상황에 여전히 적합한지 검토해야 한다.
결혼, 출산, 직장 변경 등 중요한 생애 전환점에서는 보험 포트폴리오를 재점검해야 한다.

 마지막으로 보험사의 신뢰성과 재무건전성을 확인해야 한다. 단순히 보장 내용뿐만 아니라 해당 보험사의 신용등급, 보험금 지급률, 고객 서비스 수준 등을 종합적으로 평가해야 한다. 이를 통해 실제 위험 발생 시 보험금을 제대로 받을 수 있는지 확인할 수 있다. 이러한 체크리스트 항목들을 체계적으로 점검함으로써 개인은 불필요한 중복 보장을 효과적으로 정리하고, 더욱 합리적인 보험 설계를 할 수 있다. 단순히 보험 상품을 단절적으로 바라보지 않고, 전체적인 관점에서 분석하는 접근이 중요하다.

11-3. 중복 보장 정리로 절약한 사례

 김하나 씨의 사례는 중복 보장 정리의 대표적인 성공 모델로 손꼽힌다. 그녀는 30대 중반의 직장인으로, 처음에는 여러 보험사에서 무분별하게 보험을 가입했다. 그 결과 매월 총 50만 원에 달하는 과도한 보험료를 지출하고 있었다. 보험 전문가와 상담을 통해 김하나 씨는 자신의 보험 포트폴리오에 심각한 중복 보장 문제가 있음을 발견했다.

그녀가 가입한 상해보험과 질병보험에는 거의 유사한 보장 범위가 있었으며, 심지어 일부 보장 항목은 완전히 중복되고 있었다. 이는 불필요한 보험료 낭비를 의미했다. 전문가의 조언을 받아 김하나 씨는 보험을 체계적으로 정리하기 시작했다. 첫째, 보장 내용이 가장 포괄적이고 합리적인 보험 하나를 선택했다. 둘째, 불필요한 중복 보장 상품들을 해지했다. 셋째, 남은 보험은 보장 범위와 보험료를 세밀하게 재검토했다. 결과적으로 그녀는 월 보험료를 50만 원에서 25만 원으로 절감할 수 있었다. 연간으로 계산하면 무려 300만 원의 비용을 절약한 셈이다. 더욱 중요한 점은 보장의 질은 오히려 향상되었다는 것이다. 불필요한 중복 부분을 정리하고 핵심 보장에 집중함으로써 실질적인 보장 효과를 높였다.

[김하나 씨의 보험 조정 전후]

항목	조정 전	조정 후	조정 내용
월 보험료	50만 원	25만 원	절감 (50%)
보장 내용	상해보험, 질병보험 중복	단일 포괄적 보험	중복 제거
보험 개수	4개	2개	효율적인 조정

박준호 씨의 사례도 흥미롭다. 그는 40대 자영업자로, 사업과 개인 보험을 구분하지 못해 심각한 중복 보장 상황에 놓여 있었다. 그는 직업 관련 위험과 개인 상해 보험을 동시에 중복 가입했으며, 이로 인해 매월 불필요하게 높은 보험료를 지불하고 있었다.

보험 설계사의 도움을 받아 박준호 씨는 자신의 실제 필요 보장을 정확히 파악했다. 사업과 개인 리스크를 종합적으로 분석한 결과, 그는 두 개의 보험을 하나의 포괄적인 보험으로 통합할 수 있었다. 이 과정에서 그는 월 보험료를 30% 이상 절감했다.
 이런 사례들은 중복 보장 정리가 단순한 비용 절감을 넘어 더 나은 재무설계의 핵심임을 보여준다. 보험은 위험에 대비하기 위한 도구이지, 불필요한 지출의 원천이 되어서는 안 된다. 따라서 주기적인 보험 점검과 합리적인 정리는 모든 이에게 필수적이다.

중복 보장 정리의 중요성 재확인

보험 관리에 있어 중복 보장 정리는 단순한 선택이 아니라 필수적인 재무 전략이다. 현대 금융 환경에서 개인의 재정적 안정성을 확보하기 위해서는 체계적이고 효율적인 보험 관리가 무엇보다 중요하다. 특히 불필요한 중복 보장은 개인의 경제적 자원을 불필요하게 소모시키며, 장기적으로 재정적 부담을 가중시킬 수 있다.

중복 보장은 겉보기에는 안전해 보이지만, 실제로는 엄청난 재정적 비효율을 초래한다. 예를 들어, 동일한 위험에 대해 여러 보험에 중복 가입함으로써 매월 불필요하게 지출되는 보험료는 연간 수십만 원에서 수백만 원에 달할 수 있다. 이는 단순히 돈의 낭비일 뿐만 아니라, 그 돈을 다른 투자나 저축에 활용할 수 있는 기회를 놓치게 만드는 결과를 초래한다. 더욱이 중복 보장은 심리적 부담감도 동반한다. 복잡하고 중복된 보험 계약은 개인에게 불필요한 스트레스와 혼란을 야기할 수 있다.

어떤 보험이 실제로 필요하고, 어떤 보험이 불필요한지를 정확히 파악하지 못하면 보험 관리는 더욱 어려워진다. 따라서 주기적인 보험 점검과 정리는 재정적 건강뿐만 아니라 개인의 심리적 안정을 위해서도 매우 중요하다. 중복 보장 정리의 또 다른 중요한 측면은 개인의 생애주기와 변화하는 위험에 맞춘 보험 포트폴리오 구성이다.

 결혼, 출산, 자녀 성장, 은퇴 등 인생의 각 단계마다 필요한 보장은 달라진다. 따라서 과거에 가입했던 보험이 현재의 상황에 여전히 적합한지 지속적으로 평가하고 조정해야 한다. 이는 불필요한 보험 해지뿐만 아니라 새로운 위험에 대비한 적절한 보장 추가를 포함한다.

 결론적으로 중복 보장 정리는 단순한 재정 관리 기술이 아니라 개인의 경제적 웰빙을 위한 중요한 전략이다. 체계적인 보험 관리를 통해 불필요한 비용을 줄이고, 실질적으로 필요한 보장에 집중함으로써 개인은 더욱 효율적이고 안정적인 재정 상태를 만들 수 있다. 보험은 위험에 대비하기 위한 도구일 뿐, 그 자체가 목적이 되어서는 안 된다는 점을 명심해야 한다.

Part 4.

우리동네보험닥터의
보험 설계 노하우

12장.
보험설계 상담 전 반드시 확인해야 할 7가지

12-1. 설계사에게 꼭 물어봐야 할 7가지 질문

보험 상담을 받을 때는 무작정 가입하기보다 중요한 사항을 미리 점검해야 한다. 다음 7가지 질문을 통해 설계사의 전문성을 확인하고, 자신에게 꼭 맞는 보험을 선택하는 것이 중요하다.

이 보험의 핵심 보장 내용은 무엇인가?

보험 상품마다 보장 범위가 다르므로, 본인이 필요로 하는 보장이 포함되어 있는지 확인해야 한다.

보험료 납입 기간과 갱신 여부는?

보험료가 일정한지, 갱신 시 보험료 인상이 되는지 반드시 체크해야 한다.

면책 기간과 감액 기간이 존재하는가?

가입 후 일정 기간 동안 보장이 제한될 수 있으므로 반드시 확인해야 한다.

보험금 청구 절차는 어떻게 되는가?

사고 발생 시 보험금을 원활하게 받을 수 있도록 청구 방법과 소요 기간을 알아두는 것이 좋다.

중도 해지 시 불이익은 무엇인가?

해지 환급금이나 해지 시 불이익에 대한 내용을 미리 확인해야 한다.

가입 후 보장 변경이 가능한가?

보장 조정이나 추가 특약 가입이 가능한지 확인하는 것이 중요하다.

보험사별 해당 보장내용 특징 (보장범위, 보험료) 및 차이가 무엇인가?

비슷한 보장내용 상품이라도 보험사별 보험료 및 보장내용이 다를 수 있으니 비교하는 것이 중요하다.

Part 4. 우리동네보험닥터의 보험 설계 노하우

12-2. 상담 전 고객이 반드시 준비해야 할 5가지

보험 상담을 효과적으로 진행하려면 사전에 준비해야 할 사항이 있다.

현재 가입한 보험 내역 정리

중복 보장을 피하고, 추가로 필요한 보장이 무엇인지 확인하기 위해 현재 가입한 보험 내용을 정리해야 한다.

필요한 보장 범위 설정

본인과 가족의 건강 상태, 경제 상황을 고려해 어떤 보장이 필요한지 미리 고민해 두는 것이 중요하다.

예산 설정

보험료 부담이 가중되지 않도록 월 납입 가능 금액을 미리 정해둔다.

개인 건강 상태 및 병력 정리

과거 병력과 현재 건강 상태를 파악해 보험 가입 시 불이익이 없는지 확인해야 한다.

궁금한 점 미리 정리

상담 시 빠뜨리지 않도록 궁금한 점을 미리 정리해두면 더욱 효율적인 상담이 가능하다.

13장.
우리동네보험닥터의 고객 상담 가이드

13-1. 상담 과정에서 고객이 가장 많이 묻는 질문 10가지

고객들이 보험 상담 시 가장 많이 묻는 질문을 미리 정리해두면 상담을 더욱 효과적으로 진행할 수 있다.

[보험 상담 시 가장 많이 하는 질문]

1. 보험료가 오를 가능성이 있는가?
2. 가입 후 바로 보장받을 수 있는가?
3. 비갱신형과 갱신형 중 어떤 것이 더 좋은가?
4. 해지하면 환급금은 얼마나 받을 수 있는가?
5. 특약을 추가하거나 변경할 수 있는가?
6. 중대한 질병(암, 뇌출혈 등)은 어떻게 보장되는가?
7. 보험 가입 후 청구는 어떻게 진행하는가?
8. 가족 중 병력이 있으면 가입이 어려운가?
9. 보험을 여러 개 가입하면 손해인가?
10. 설계사가 지속적으로 관리해주는가?

13-2. 고객 맞춤형 상담 프로세스

보험 상담은 단순히 상품을 판매하는 행위를 넘어서, 고객의 현재와 미래를 종합적으로 고려하여 최적의 보장 방안을 설계하는 전문적인 과정이다. 효과적인 보험 상담은 고객의 상황을 정확히 파악하고, 그에 맞는 맞춤형 솔루션을 제공하는 데서 시작된다.

고객의 상황 파악: 보험 설계의 기초

보험 상담의 첫 단계는 고객의 전반적인 상황을 정확히 파악하는 것이다. 이 과정에서는 가족 구성원의 수와 연령, 각 구성원의 건강 상태, 현재 소득과 지출 구조, 기존 가입한 보험 내역, 장단기 재무 목표 등을 종합적으로 조사한다. 특히 고객의 직업과 라이프스타일에 따른 위험 요소를 분석하고, 연령대별 필요한 보장을 고려해야 한다. 이를 바탕으로 부족한 보장과 과잉 보장을 식별해 균형 잡힌 보험 설계를 마련한다.

보험 필요성 설명: 이해를 통한 공감

고객의 상황을 분석한 후에는 왜 특정 보험이 필요한지를 고객이 명확히 이해할 수 있도록 설명하는 과정이 중요하다. 이 단계에서는 통계 자료나 사례를 활용하여 특정 위험에 노출되었을 때 발생할 수 있는 재정적 손실과 그로 인한 가족의 생활 변화를 구체적으로 제시한다. 단순히 불안감을 조성하는 것이 아니라, 보험이 제공하는 안전망의 가치와 중요성을 논리적으로 이해시키는 데 중점을 둔다. 고객이 필요성을 공감할 때 비로소 진정한 상담이 이루어질 수 있기 때문이다.

상품 추천 및 비교: 객관적 정보 제공

고객의 필요성이 확인되면, 시장에 있는 다양한 보험 상품 중에서 고객에게 가장 적합한 상품들을 선별하여 추천한다. 이 과정에서는 여러 보험사의 유사 상품을 보장 내용, 보험료, 보험금 지급 조건, 계약 갱신 조건 등 다양한 측면에서 객관적으로 비교 분석하여 제시한다. 복잡한 보험 용어나 조건을 쉽게 설명하고, 각 상품의 장단점을 명확히 알려주어 고객이 정보에 기반한 결정을 내릴 수 있도록 돕는다.

보험료 및 예산 조율: 현실적인 접근

이상적인 보장과 현실적인 예산 사이에서 균형을 찾는 과정이 필요하다. 고객의 재정 상황을 고려하여 감당할 수 있는 보험료 수준을 파악하고, 때로는 우선순위에 따라 단계적으로 가입을 진행하는 전략을 제안할 수 있다. 또한 특약 조정, 보장 금액 조정 등을 통해 보험료를 최적화하는 방안을 모색하며, 동일한 보험료로 최대의 효과를 얻을 수 있는 방법을 고민한다. 무리한 보험료는 결국 계약 유지의 어려움으로 이어질 수 있으므로, 장기적 관점에서 지속 가능한 보험 설계가 중요하다.

가입 절차 진행: 신속하고 명확한 안내

고객이 상품을 선택한 후에는 가입 절차를 신속하고 정확하게 진행한다. 필요한 서류 준비부터 청약서 작성, 고지 의무 이행, 심사 과정, 그리고 최종 승인까지의 전 과정을 명확히 안내하고 지원한다. 특히 보험계약의 중요한 조항이나 면책 사항, 대기 기간 등을 투명하게 설명하여 추후 발생할 수 있는 불만이나 오해를 예방한다. 심사 과정에서 추가 요청 사항이 있을 경우 신속하게 대응하여 가입 과정이 원활하게 진행되도록 한다.

가입 후 지속적인 관리: 평생의 동반자

보험 상담은 계약 체결로 끝나는 것이 아니라 지속적인 관리 서비스를 통해 고객과의 신뢰 관계를 유지하는 것이 중요하다. 정기적인 보험 내용 점검을 통해 고객의 생애주기 변화에 따른 보장 조정이 필요한지 확인하고, 보험금 청구 과정에서 전문적인 조언과 지원을 제공한다. 또한 법규나 세제 변화에 따른 영향을 분석하여 알려주고, 필요시 계약 변경이나 추가 가입에 대한 상담을 진행한다. 이러한 사후 관리 서비스는 고객의 만족도를 높이고 장기적인 신뢰 관계를 구축하는 데 핵심적인 역할을 한다.

13-3. 상담 후 고객의 행동 변화 사례

보험 상담은 단순히 상품을 판매하는 것을 넘어서 고객의 재정적 안전과 미래 설계에 중요한 영향을 미친다. 효과적인 보험 상담을 통해 고객들은 다양한 측면에서 행동과 인식의 변화를 경험하게 된다. 이러한 변화는 고객의 재정 건전성과 삶의 질 향상에 직접적으로 기여한다.

보험에 대한 인식 변화: 지출에서 투자로

많은 사람들이 처음에는 보험을 단순한 월 지출 또는 '돈 낭비'로 여기는 경향이 있다. 그러나 전문적인 상담을 통해 고객들은 보험이 단순한 비용이 아닌, 미래의 불확실성에 대비하는 필수적인 재정 보호 장치임을 이해하게 된다. 특히 실제 보험금 지급 사례나 통계 자료를 접하면서, 보험이 위험 상황에서 가족의 생활을 유지하고 재정적 충격을 완화하는 중요한 역할을 한다는 사실을 깨닫게 된다. 이러한 인식 변화는 보험료 납부를 '지출'이 아닌 '자신과 가족을 위한 투자'로 바라보게 만든다.

필요 중심의 선별적 가입 행동

보험에 대한 이해도가 높아진 고객들은 무작정 여러 상품에 가입하는 것이 아니라, 자신의 생애주기와 상황에 맞는 필수적인 보장을 중심으로 선택하는 현명한 소비자로 변화한다. 예를 들어 젊은 직장인은 소득 보장에 초점을 맞추고, 자녀가 있는 가정은 교육비와 가족 생활비 보장에 집중하며, 중년층은 노후 의료비와 요양 비용을 고려한 보험을 선택하게 된다. 이처럼 상담 이후 고객들은 '보험 가입' 자체가 목적이 아닌 특정 위험에 대한 '적절한 대비'에 초점을 맞추게 된다.

기존 보험의 적극적 재점검

보험 상담을 통해 얻은 지식은 고객들이 이미 가입한 기존 보험을 재평가하는 계기가 된다. 상담 이후 많은 고객들이 자신의 보험 증권을 꺼내어 보장 내용을 꼼꼼히 확인하고, 중복 보장이나 불필요한 특약은 정리하며, 보장이 부족한 영역은 보완하려는 적극적인 행동을 보인다. 이러한 재점검 과정은 보험 포트폴리오의 효율성을 높이고, 동일한 보험료로 더 최적화된 보장을 받을 수 있는 기회를 제공한다.

가족 중심의 종합적 보험 설계

효과적인 상담을 받은 고객들은 개인의 보험 필요성을 넘어 가족 구성원 전체를 아우르는 종합적인 보험 설계를 고민하기 시작한다. 본인의 사망이나 질병뿐만 아니라, 배우자의 소득 상실 위험, 자녀의 교육비와 의료비, 그리고 부모님의 노후 의료와 요양 비용까지 폭넓게 고려하는 모습을 보인다. 이는 가족 전체의 재정적 안전망을 구축하는 방향으로 보험 인식이 확장되었음을 의미한다. 보험 상담을 통한 고객의 변화는 단순히 보험 가입에 그치는 것이 아니라, 재정적 사고방식과 행동 패턴의 전환으로 이어진다.

[보험 상담 후 고객 행동 변화]

보험 상담
생애주기별 맞춤 보장

기존 보험 점검
중복 보장 정리
부족 보장 보완

가족 중심 설계
배우자·자녀·부모 보장 확대

상담을 통해 고객들은 보험을 단순한 소비가 아닌, 미래를 대비하는 필수적인 재정 설계 도구로 인식하게 된다. 또한, 불필요한 보장을 줄이고 꼭 필요한 보장만을 선택하는 선별적 가입 태도를 갖게 되며, 기존 보험을 점검하고 최적화하는 능동적인 자세를 보인다. 이러한 변화는 개인을 넘어 가족 전체의 재정적 안정성을 고려하는 방향으로 확장된다. 본인뿐만 아니라 배우자, 자녀, 부모님의 보장까지 챙기는 종합적인 보험 설계를 통해, 가족 구성원 모두가 예상치 못한 상황에서도 경제적 충격을 최소화할 수 있도록 대비하게 된다.

결국, 효과적인 보험 상담은 고객의 삶의 질을 높이고, 보다 안정적인 미래를 설계하는 중요한 과정이 된다. 보험이 단순한 상품이 아니라, 인생 전반에 걸쳐 필요한 재정 보호 장치임을 깨닫게 되는 순간, 고객은 더 나은 재정적 결정을 내리는 주체로 성장하게 된다.

Part 5.
부록

부록 1.
자주 쓰이는 용어

보험 가입 단계별로 자주 사용되는 보험용어를 알아 두세요.

1. 보험 가입 단계

▶ 보험계약

보험계약자와 보험회사 간에 체결하는 계약을 말합니다. 보통은 소비자 입장에서는 보험에 가입한다고 하고 보험회사 입장에서는 보험상품을 판매한다고 많이 표현하지만, 정확하게 표현하면 보험회사와 소비자가 보험계약을 체결하는 것입니다.

▶ 청약

모든 보험계약은 계약자의 "청약"과 보험회사의 "승낙"에 의해 체결되는데, 보험계약에서 "청약"은 소비자가 보험회사가 만든 보험상품에 가입하겠다는 의사를 표시하는 것을 의미합니다. 보험계약 청약서에 서명하거나 전화, 인터넷으로 보험가입을 신청하는 것을 말합니다.

▶ 승낙

소비자가 보험회사를 상대로 청약을 하면, 보험회사는 심사를 거쳐 해당 청약을 "승낙"할 것인지 "거절"할 것인지를 결정합니다. 보험회 사가 "승낙"을 하면, 보험계약은 체결(성립)되고, 보험회사가 "거절"하면 보험계약을 체결되지 않습니다.

▶ 보험계약자

보험회사와 보험계약을 체결하는 사람을 "보험계약자"라고 합니다.

▶ 피보험자

피보험자란 보험계약에서 정한 보험사고의 대상이 되는 사람을 말합니다. 생명보험에서 보험사고의 대상은 피보험자를 기준으로 합니다.

▶ 보험수익자

보험계약에서 정한 보험사고가 발생하여 보험회사가 보험금을 지급해야 할 때, 해당 보험금을 지급받을 권리가 있는 사람을 말합니다.

▶ 진단계약

보험회사가 보험계약자와 보험계약을 체결하기 전에 피보험자의 건강상태를 확인하기 위해 건강진단 절차를 거치는 보험계약을 "진단계약"이라 합니다.

반대말 : 무진단계약

▶ 보험료

보험료는 가입자가 보험 계약대로 매월 또는 일정한 기간마다 보험회사에 내는 돈을 말합니다. 보험료를 납부하는 주기나 금액은 보험계약 체결 시에 미리 정해집니다.

▶ 보험금

보험계약에서 정한 보험사고가 발생하면, 보험회사가 보험수익자에게 지급하는 돈을 말합니다.

▶ 보험가입금액

 보험금, 보험료, 책임준비금 등을 산정하는 기준이 되는 금액을 의미합니다. 보장의 측면에서 보면 보험사고가 발생했을 때 지급 받을 수 있는 보험금액을 산정하는 기준이 되는 금액을 말합니다.

예시) 종신보험 상품의 보험가입금액 1억원 → 사망시 사망보험금 1억원 지급

▶ 보험기간

 보험계약에서 정한 보험사고에 대해 보험회사가 보험금 지급을 보장하는 기간을 말합니다.

▶ 보장개시일

 보험계약에서 보험회사가 보장을 시작하는 날짜를 말합니다. 이 때부터 보험계약에서 정한 보험사고가 발생하면 보험회사는 그에 따른 보험금을 지급해야 합니다.

 같은 말 : 책임개시일

▶ 이미 납입한 보험료

 일반적으로 보험계약자가 보험회사를 상대로 보험계약 체결 시부터 현재까지 납입한 보험료의 합계를 말합니다.

 같은 말 : 기납입 보험료

예시) 2014.1월 가입, 2016년 12월까지 유지 월납 보험료가 50만원인 경우, 이미 납입한 보험료는 총 1,800만원

▶ 보험약관

보험회사가 미리 작성한 계약내용(계약서)을 약관이라 합니다. 즉, 보험계약에 관하여 보험계약자와 보험회사 상호 간에 이행하여야 할 권리와 의무를 규정한 것입니다. 약관에는 보험금 지급사유, 보험금 청구 및 절차 등에 관한 사항을 규정하고 있습니다.

▶ 보험증권

보험증권은 보험계약이 체결되면 보험회사가 보험계약자에게 보험계약이 체결되었다는 증거로서 제공하는 문서입니다.

같은 말 : 보험가입증서

▶ 상품설명서

보험회사가 보험에 가입하고자 하는 소비자에게 약관의 주요내용과 소비자 유의사항 등을 알기 쉽게 요약하여 설명하기 위해 만든 자료입니다.

2. 보험계약유지단계

▶ 공시이율

보험개발원에서 공표하는 공시기준 이율을 감안하여, 보험회사가 일정기간마다 금리연동형 보험상품에 적용하는 이율을 말합니다.

▶ 해지

보험계약의 효력이 없어지는 것으로, 대표적으로 계약자 임의해지와 보험사의 직권해지가 있습니다.

▶ 납입최고(독촉)

2회 이후 보험료를 납입하지 않을 경우 보험회사가 계약자에게 납입할 것을 알리는 것을 말합니다.

▶ 부활(효력회복)

보험료를 납부하지 않아 해지된 보험계약을 해지된 날부터 3년 이내에 보험료와 연체이자를 납부하고 다시 살리는 것을 말합니다.

▶ 보험계약대출

보험계약자가 해지환급금을 담보로 보험회사로부터 돈을 빌리는 것을 말합니다.

▶ 해지환급금

보험계약이 해지되었을 때 보험회사가 보험계약자에게 돌려주는 금액을 말합니다. 보험상품은 은행의 저축상품과는 달라 납입한 보험료의 원금이 그대로 적립되는 것이 아니므로 해지환급금은 납입한 보험료보다 적거나 아예 없을 수도 있습니다.

▶ 책임준비금

보험회사가 미래에 보험금이나 해지환급금 등을 지급하기 위해 보험계약자가 납입하는 보험료 중 일정부분을 따로 적립하는 금액을 말합니다. 보통은 보험금이나 보험료가 정해져 있는 확정형 상품에서 사용하는 용어입니다. 책임준비금은 해지환급금과 연동하기는 하지만 일치하지는 않습니다.

3. 보험금 청구 및 수령단계

▶ 납입면제

보험계약자의 보험료 납입의무를 면제하는 것으로, 약관에서 정한 납입면제 사유가 발생한 경우 보험료를 납입하지 않더라도 보장을 계속 받을 수 있는 제도입니다.

▶ 실종 선고

자연 재해나 사고로 인하여 사람의 생사가 불분명한의 상태가 일정기간 이상 계속되는 경우 이해관계가 있는 사람의 청구에 의해 사망한 것으로 인정하고 신분이나 재산에 관한 모든 법적 관계를 확정 시키는 법원의 결정을 말합니다.

참고) 실종선고 관련 표준약관(제4조 1항) → 실종선고를 받은 경우, 법원에서 인정한 실종기간이 끝나는 때에 사망한 것으로 봅니다.

▶ 보험금 가지급 제도

보험사가 보험금 지급을 위해 조사·확인을 거치는 과정에서 우선적으로 치료 자금 등이 필요하므로 보험사가 추정한 보험금의 50% 이내에서 보험금을 먼저 지급받을 수 있는 제도입니다.

▶ 비례보상

상해 또는 질병으로 인해 발생하는 의료비를 보장받는 실손의료보험에서 여러 개(회사)의 실손의료 보험에 가입하였다고 하더라도 실제 부담한 의료비를 초과하여 보상되지 않도록 가입한 보험사가 나누어 지급하는 제도를 말합니다. 예를 들어 입원비 100%를 보상하는 실손의료보험 2개에 가입한 뒤 치료비 50만원을 지출하였다면, 두 회사에서 각 25만원씩 보험금을 지급하게 됩니다.

▶ 의료기관(의료법3조)

의료법 제3조에 따라 의료기관은 의원급(의원, 치과의원, 한의원), 조산원, 병원급(병원, 치과병원, 한방병원, 요양병원, 종합병원) 의료기관으로 구분됩니다.

▶ 진단서

의료기관이 발급하는 것으로 소비자(고객)가 보험금 청구 시 제출하셔야 하는 서류 중 하나입니다. 통상적으로 진단서의 종류에는 사망진단서, 입원확인서, 장해진단서, 질병 발생을 확인하는 진단서 등이 있습니다.

부록 2.
자주 묻는 질문 (FAQ)

보험 소비자가 보험 전문가에게 자주 하는 질문 25개 & 답변

1. 보험 가입 관련 질문

1 보험 가입할 때 가장 중요한 점은 뭔가요?

본인의 건강 상태, 경제 상황, 필요한 보장범위를 고려해야 합니다. 특히 가입 후 보험료를 꾸준히 낼 수 있는지가 중요합니다.

2 보험료가 비싸지 않으면서도 보장이 좋은 상품이 있을까요?

무조건 저렴한 보험보다는 가성비가 좋은 상품을 선택해야 합니다. 필수 보장은 유지하면서 불필요한 특약을 줄이면 됩니다.

3 갱신형과 비갱신형 중 어떤 게 좋나요?

비갱신형은 초기 보험료가 높지만, 끝까지 동일합니다. 갱신형은 초반에 저렴하지만 나중에 보험료가 오릅니다. 경제 상황에 따라 선택하세요.

4 같은 보장인데 보험료가 차이가 나는 이유는 뭔가요?

보험사는 각각 위험률과 운영비가 다릅니다. 같은 보장이라도 보험료 차이가 나는 이유는 가입자의 나이, 성별, 특약 구성에 따라 달라지기 때문입니다.

5 보험은 어디서 가입하는 게 좋나요? 설계사? 다이렉트? GA?

설계사는 1:1 맞춤 설계를 해주고, 다이렉트는 수수료가 없어 보험료가 저렴할 수 있습니다. GA(독립법인대리점)는 여러 보험사의 상품을 비교해서 추천합니다.

2. 보장 내용 관련 질문

6 암보험을 가입했는데 모든 암을 보장하나요?

아닙니다. 일반적으로 고액암, 소액암, 유사암(갑상선암, 기타피부암 등)이 나뉘어 있으며, 보장 금액이 다릅니다. 약관을 확인하세요.

7 실손보험(실비보험)은 어떤 병원비까지 보장되나요?

입원비, 통원비, 약값을 보장하지만, 비급여 항목(도수치료, 비급여 주사 등)은 일부만 보장됩니다.

8 화상진단비 특약이 꼭 필요한가요?

화상은 치료비가 크고, 흉터 치료도 중요하기 때문에 특히 어린이, 요리하는 직업군에게 추천됩니다.

9 운전자보험이 자동차보험과 다른 점은 뭔가요?

자동차보험은 사고 피해자 보상이 목적이고, 운전자보험은 운전자가 부담하는 벌금, 변호사 비용, 합의금을 지원합니다.

10 태아보험은 언제 가입해야 하나요?

임신 22주 이내에 가입해야 하고, 임신 16주 이전이 가장 유리합니다.

3. 보험금 청구 관련 질문

11 보험금을 청구하면 언제 지급되나요?

보통 청구 후 3~7일 이내에 지급됩니다. 다만 심사가 필요한 경우 더 걸릴 수 있습니다.

12 보험금이 거절되는 경우는 어떤 경우인가요?

가입 전에 병력을 숨겼거나, 면책기간 중 질병이 발생한 경우, 약관에서 보장하지 않는 사유(자살, 음주운전 등)일 경우 거절될 수 있습니다.

13 입원했는데 보험금 청구하려면 어떤 서류가 필요한가요?

입원확인서, 진료비 영수증, 진료비 세부내역서가 기본적으로 필요합니다. 실손보험은 병원별로 추가 서류가 필요할 수 있습니다.

14 사망보험금을 받을 때 필요한 서류는 무엇인가요?

사망진단서, 가족관계증명서, 피보험자의 보험증권, 수익자의 신분증 등이 필요합니다.

15 암보험금을 받았는데 다른 보험도 중복 청구 가능한가요?

네, 암보험은 중복 보장되므로 여러 개의 보험에서 따로 청구할 수 있습니다.

4. 보험 유지 및 변경 관련 질문

16 보험료가 부담되는데 줄일 수 있나요?

불필요한 특약을 정리하거나, 보장 범위를 조정하면 줄일 수 있습니다. 일부 보험은 납입유예 기능도 있습니다.

17 보험을 해지하면 환급금을 받을 수 있나요?

해지환급금은 보험 유형에 따라 다릅니다. 순수보장형은 환급금이 거의 없고, 환급형은 일부 돌려받을 수 있습니다.

18 보험을 중도 해지하면 불이익이 있나요?

해지하면 보장이 사라지고, 해지환급금이 납입한 보험료보다 적을 수 있습니다. 해지 전 꼭 다른 대안을 고려하세요.

19 이전에 가입한 보험을 유지하는 게 좋을까요, 새로 갈아타는 게 좋을까요?

과거 보험은 보장 범위가 더 넓고, 보험료가 저렴한 경우가 많습니다. 비교 후 결정하세요.

20 보험은 여러 개 가입해도 되나요?

실손보험은 1개만 가입 가능하지만, 암보험, 사망보험 등은 중복 가입 가능합니다.

5. 특수한 상황 관련 질문

21 임신 중인데 보험 가입이 가능한가요?

가능합니다. 하지만 고위험 임신(당뇨, 고혈압 등)은 가입이 어렵거나 제한이 있을 수 있습니다.

22 고혈압, 당뇨가 있는데도 가입할 수 있는 보험이 있나요?

유병자보험이나 간편심사보험이 가능합니다. 다만 보험료가 높고, 보장 범위가 제한적일 수 있습니다.

23 보험사마다 보험금 지급 기준이 다른가요?

네, 약관과 내부 심사 기준이 다를 수 있습니다. 보험사마다 보장 범위를 꼭 확인하세요..

24 치매보험은 언제 가입하는 게 좋은가요?

40~50대에 가입하면 보험료 부담이 적고, 보장도 충분히 받을 수 있습니다.

25 장기요양등급을 받으면 간병보험 청구할 수 있나요?

네, 장기요양등급 1~2등급이면 보장받을 확률이 높습니다.

부록 3.
보험사기 예방을 위한 완전판매 원칙 준수

1. 자필서명 의무 준수

▶ 보험계약 체결 시 청약서에 반드시 보험계약자와 피보험자(보험계약자와 피보험자가 다른 경우)의 **자필 서명**을 받아야 함.

▶ 이를 통해, 보험금 편취를 목적으로 **타인의 명의를 도용하여 보험에 가입**하거나, **피보험자의 동의 없이 보험계약을 체결**하는 등의 보험사기 시도를 사전에 방지할 수 있음.

2. 적합성/적정성 원칙 지키기

▶ 보험설계사는 보험계약의 권유·자문·체결 시에 면담·질문 등을 통해 보험소비자의 **연령, 재산상황, 보험계약 체결의 목적**을 파악해야 함.

▶ 또한 보험소비자가 가입하려는 상품이 **소비자의 상황에 부적합/부적정하다고 판단되는 경우** 해당 사실을 보험소비자에게 알려야 함.

▶ 이를 통해, **경제력에 비해 과도한 보험료 납입 등 보험사기 의심징후**를 사전에 포착하고 방지할 수 있음.

3. 설명의무 다하기

▶ 보험설계사는 계약 체결을 권유하거나 요청 받은 경우, **보험상품의 내용, 보험료, 보험금 지급절차 및 지급제한 사유 등을 소비자가 이해할 수 있도록 설명**해야 함.

▶ **고지의무와 위반시 불이익을 상세히 설명**하여 고지사항의 누락이나 허위고지를 막고, 지급제한 사유에 해당하는 **기망에 의한 보험가입을 사전에 예방**할 수 있음.

4. 설명/광고 시 역선택 조장 자제

▶ 보험설계사가 보험상품, 업무에 대해 설명하거나 광고하는 경우, 고액의 보험금 지급만을 강조하는 등 **역선택과 사행심리를 조장하는 표현을 사용하지 않아야 함**.

▶ 이를 통해, **보험의 본질적 목적인 위험보장 기능을 올바르게 전달하고, 보험사기의 동기를 사전에 차단**하여 건전한 보험문화 정착에 기여할 수 있음.

5. 보험사기 예방 교육 실시

▶ 보험대리점은 소속 보험설계사를 대상으로 **2년마다 20시간 이상의 보수교육**을 실시해야 하며, 이때 **보험사기 예방**과 관련된 내용을 교육과목에 포함시켜야 함.

▶ 정기적인 예방 교육을 통해 **보험사기의 위험성에 대한 영업현장의 인식을 개선**하고, 보험사기로 인한 **다양한 리스크를 사전에 예방**할 수 있음.

부록 4.
숨은 보험금 찾기 체크리스트

아래 항목 중 해당되는 부분이 있다면, 보험금 청구 가능성을 확인해보세요.
※ '해당 여부'와 '청구 여부'를 꼭 확인해 주세요!

분류	내용	해당 여부	청구 여부
① 기타	병원직원 또는 지인을 통해 병원비 할인을 받은 적이 있나요?		
	충치 아닌, 치아 금이 가거나 파절되어 치료를 받은 적 있나요?		
	한방병원에서 MRI 또는 CT 검사를 받은 적이 있나요?		
② 납입 면제	뇌출혈 또는 뇌경색 진단을 받은 적 있나요?		
	암 진단을 받은 적이 있나요?		
	현재 혈액투석을 받고 계신가요?		
③ 수술비	건강검진 중 내시경 검사에서 용종 제거를 받은 적이 있나요?		
	계류유산, 자연유산 또는 자궁 소파술을 받은 적 있나요?		
	눈꺼풀 처짐(안검하수)이나 쌍꺼풀(눈꺼풀) 수술을 받은 적이 있나요?		
	비만 치료 목적으로 위밴드 수술 등 받은 적이 있나요?		
	심장 스텐트 삽입술을 받은 적이 있나요?		
	암 치료 목적의 방사선 치료를 받은 적 있나요?		
	인공관절 수술을 받은 적이 있나요?		
	임플란트(치조골이식 포함) 시술을 받은 적이 있나요?		
	치핵(치질) 수술을 받은 적이 있나요?		
	허리디스크로 신경차단술을 받은 적이 있나요?		
④ 자동차 사고	교통사고 후 합의금을 받지 않고 치료만 받다가 종결된 적이 있나요?		
	자동차사고 후 목, 허리, 무릎 등에 장기적인 통증이 남은 적이 있나요?		

④ 자동차 사고	자동차사고로 병원 치료를 받은 후 치료비 외에 후유장해 진단을 받은 적이 있나요?		
	자동차사고로 후유장해(디스크, 신경손상 등)로 진단받고도 보상을 청구하지 않으셨나요?		
⑤ 후유 장해	디스크 진단을 받은 적이 있나요?		
	십자인대파열 진단을 받은 적이 있나요?		
	화상 또는 상처로 인해 신체 흉터가 남아있나요?		

생명보험사 연락처

보험사	대표번호	상담번호	FAX
ABL생명	02-3787-7000	1588-6500	02-3787-878
DB생명	1588-3131	1588-3131	050-5129-3131
DGB생명	02-2087-930	1588-4770	02-2087-9358
KB생명	02-398-6800	1588-9922	02-398-6842
KDB생명	02-6303-5000	1588-4040	02-771-7561
NH농협생명	1544-4000	1544-4000	-
교보생명	02-721-212	1588-1001	02-737-9970
동양생명	1577-1004	1577-1004	02-771-1347
라이나생명	02-3781-1000	1588-0058	02-775-7505
메트라이프생명	02-3469-9600	1588-9600	02-3469-9700
미래에셋생명	02-3271-4114	1588-0220	02-3271-5004
삼성생명	1588-3114	1588-3114	02-751-810
신한생명	1588-5580	1588-5580	02-739-1950
오렌지라이프	1588-5005	1588-5005	02-734-3309
처브라이프	1599-4600	1599-4600	02-2107-4700
푸르덴셜생명	02-2144-2000	02-2144-2600	02-2144-2100
한화생명	02-789-511	1588-6363	02-784-7217
흥국생명	02-2002-7000	588-2288	02-2002-7800
IBK연금보험	(02) 2270-1600	1577-4117(개인) 1661-4117(퇴직)	02-2270-1577

손해보험사 연락처

보험사	고객콜센터	FAX
메리츠화재	1566-7711	0505-021-3400/3500 (피보험자 이름, 연락처를 꼭 기재 해 주세요)
한화손해보험	1566-8000	콜센터 문의 후 가능 0502-779-1004
롯데손해보험	1588-3344	02-2094-5973
MG손해보험	1588-5959	청구서류접수확인: 1599-8598 F. 0505-088-1646~9
흥국화재	1688-1688	고객콜센터 순서대로 1688-1688 > 4 > 0
삼성화재	1588-5114	고객콜센터접수 후 0505-162-0777
현대해상	1588-5656 인터넷 콜센터 (02-2116-1004)	0507-774-6060
KB손해보험	1544-0114	0505-136-6500
DB손해보험	1588-0100	0505-181-4862
AIG손해보험	1544-2792	(02)2011-4607
농협손해보험	1644-9000	0505-060-7000

우리동네 보험닥터의
똑똑한 보험 설계

발행일   2025년 04월 14일

지은이   우리동네보험닥터
펴낸이   남성현

편집·디자인   보케어

펴낸곳   보케어   **출판등록**   2024년 7월 4일(제2024-000015호)
주소   부산광역시 남구 수영로 312, 2028호
전화   1566-4875

ISBN   979-11-990658-4-0   979-11-990658-5-7

· 인쇄·제작 및 유통상의 파본 도서는 구입하신 서점에서 바꿔드립니다.

· 이 책의 전부 또는 일부 내용을 재사용하려면 반드시 사전에 저작권자와 (주)에프피하우스의 동의를 받아야
  합니다.